Ulrich Wickert
Gauner muss man Gauner nennen

PIPER

Zu diesem Buch

Ulrich Wickert, der offensive, kritische und gleichzeitig ironische Journalist, schreibt über das Land, das ihm am meisten am Herzen liegt: Deutschland. Wer sind wir Deutschen? Woher kommt unsere Identität, die doch so verschieden ist von der etwa der Franzosen, Angelsachsen oder Niederländer? Vor allem aber: Was sind die Werte, auf die es ankommt, damit Deutschland kein »Sanierungsfall« (so Kanzlerin Merkel) bleibt? Ulrich Wickert geht unserer wachsenden Sehnsucht nach Orientierung nach, kritisiert typisch deutsche Tabus und zeigt, wie alles mit einer klaren Sprache anfängt – aber dort nicht stehenbleiben darf. Die Dinge beim Namen nennen, das heißt: Ehrlichkeit im Denken, und darauf kommt es heute besonders an.

Ulrich Wickert, geboren 1942 in Tokio, studierte in Deutschland Jura und in den USA Politische Wissenschaften. Von 1977 bis 1991 war er ARD-Korrespondent in Washington, New York und Paris, von 1991 bis 2006 moderierte er die »Tagesthemen«. Er ist Autor zahlreicher Bücher, darunter »Vom Glück, Franzose zu sein«, »Zeit zu handeln«, »Die Zeichen unserer Zeit«, »Alles über Paris«, »Gauner muss man Gauner nennen« und der drei Krimis »Der Richter aus Paris«, »Die Wüstenkönigin« und »Der nützliche Freund«. 2005 wurde Wickert in Frankreich zum »Offizier der Ehrenlegion« und 2006 zum Sekretär der Académie de Berlin ernannt. Weiteres zum Autor: www.ulrich-wickert.de

Ulrich Wickert

Gauner muss man Gauner nennen

Von der Sehnsucht nach verlässlichen Werten

Piper München Zürich

Mehr über unsere Autoren und Bücher:
www.piper.de

Von Ulrich Wickert liegen bei Piper vor:
Die Zeichen unserer Zeit
Der Richter aus Paris
Die Wüstenkönigin
Gauner muss man Gauner nennen

Mix
Produktgruppe aus vorbildlich bewirtschafteten Wäldern und anderen kontrollierten Herkünften
www.fsc.org Zert.-Nr. GFA-COC-001223
© 1996 Forest Stewardship Council

Ungekürzte Taschenbuchausgabe
1. Auflage Juli 2008
4. Auflage März 2010

Umschlag: semper smile, München
Umschlagfoto: Arne Schultz
Satz: Uwe Steffen, München
Papier: Munken Print von Arctic Paper Munkedals AB, Schweden
Druck und Bindung: CPI – Clausen & Bosse, Leck
Printed in Germany ISBN 978-3-492-25208-9

Für Julia

Inhalt

Klartext

Vom Paradies auf Erden träumt schon lange niemand mehr. Aber es würde ja schon reichen, denkt der Zeitgenosse, wenn wenigstens ein friedliches Zusammenleben möglich wäre, wenn zumindest zu Hause gesellschaftliche Regeln wieder etwas bedeuteten.

Nichts ist heute mehr so, wie es war. Nachdem sich der Ost-West-Konflikt noch im alten Jahrhundert überraschend friedlich in Wohlgefallen aufgelöst hatte und das »Ende der Geschichte« ausgerufen worden war, schienen sich für kurze Zeit alle Probleme verflüchtigt zu haben. Deutschland hatte mit dem Vereinigungsprozess genug zu tun und wollte beweisen, dass ein vereintes Deutschland ebenso in europäischen Bahnen denkt und handelt wie die alte Bundesrepublik, also keinesfalls Machtansprüche stellt wie einst das aggressive Deutsche Reich. Entsprechend zog sich die Politik im Wesentlichen darauf zurück, sich im Organisieren von »ökonomischen Rahmenbedingungen« zu versuchen. Eine Zeit lang blendete noch die »New Economy« alle Wirtschaftsreligiösen, aber spätestens mit dem Platzen der Spekulationsblase kam das Dauergerede von der Krise. Auch das war erst einmal im Wesentlichen ökonomisch gemeint.

Und dann kam der 11. September 2001. Seit den Attentaten, deren Symbol der Einsturz der beiden Türme des World Trade Center ist, gibt es in der Weltpolitik keine wirkliche Orientierung mehr. Das Ausrufen der »Achse des Bösen« und des »Weltkriegs gegen den Terror« ist kein stabilisierender Faktor, wie es der Ost-West-Konflikt war. Schließlich können weder der Irak noch der Iran noch Al-Qaida den gleichen Stellenwert einnehmen wie der sogenannte Ostblock.

Manch einem von uns mögen diese Bedrohungen auch zu abstrakt erschienen sein, und die nächsten Anschlagsorte Madrid und London waren weit entfernt. Und hat uns nicht Schröders und Fischers Reflex auf unsere Geschichte – Nie wieder Krieg! – davor bewahrt, uns am Irakkrieg zu beteiligen? Spätestens aber seit den fehlgeschlagenen Attentaten mit Kofferbomben auf zwei Regionalzüge hat jeder begriffen, dass auch für die Bundesbürger der Ernst des Lebens in der globalisierten Welt begonnen hat. Wir haben zwar noch einmal Glück gehabt. Aber wer weiß, was alles auf uns zukommen kann, seit deutsche Truppen in Afghanistan und deutsche Kriegsschiffe vor der libanesischen Küste im Einsatz sind?

Zukunftsangst breitet sich aus im Land.

Eine optimistische Lebensplanung erscheint vielen jungen Menschen heute unmöglich. Dazu trägt nicht nur die terroristische Bedrohung bei und alles, was mit ihr zusammenhängt. Hinzu kommen wirtschaftliche Faktoren: Deutschland wird zwar im Zeitalter der Globalisierung Jahr für Jahr Exportweltmeister, aber die Arbeitslosigkeit nimmt trotz florierender Wirtschaft nur geringfügig ab. Dem ausgerufenen »robusten Aufschwung« kann noch niemand richtig vertrauen. Und wenn schon, profitieren werden davon sowieso immer die anderen. Die Renten werden bald nicht mehr für einen Lebensabend in Würde reichen. Den wechselnden Regierungen gelingt es nicht, sich auf grundsätzliche Reformen des Gesundheitswesens und des Rentensystems zu einigen. Die Schere zwischen den Gut- und Sehr-gut-Verdienern und einem Drittel der Gesellschaft am unteren Ende der Einkommens- beziehungsweise Hartz-IV-Skala geht immer weiter auf. Daher hat die Mittelschicht eine diffuse Angst vor Abstieg und Deklassierung.

Kurz gesagt: Die Maßstäbe stimmen nicht mehr. Wir haben die Orientierung verloren.

In vielen Bereichen des täglichen Lebens sind die Sitten verlottert. Das Bundeskriminalamt stellt fest, dass sich die Zahl der Bestechungsfälle 2005 im Vergleich zum Vorjahr nahezu verdoppelt hat. Auch die Zahl der Tatverdächtigen stieg sogar um 220 Prozent. Die Anzahl rechtsradikaler Gewalttaten hat sich verdoppelt. Im deutschen Privatfernsehen spritzt das Blut, im öffentlich-rechtlichen fliegen die Fäuste zweitklassiger Boxer. In der TV-Reality-Show »Martial Arts X-Treme« beim Sportkanal DSF gehen zweiunddreißig Schläger aus ganz Europa mit bloßen Händen und Füßen brutal aufeinander los. »Da werden die niedersten menschlichen Instinkte geweckt«, sagt Hagen Doering, Sportdirektor des Sauerland-Boxstalls. Zur gleichen Zeit werden Kinderleichen in der Tiefkühltruhe gefunden.

Unternehmen klagen, Auszubildende verfügten über keine Bildung mehr. Lehrer beschweren sich, Schüler lernten von ihren Eltern weder Moral noch Benehmen. Der Bildungsnotstand in Deutschland sei die Folge eines Erziehungsnotstands, erklärt Bernhard Bueb, der langjährige Leiter des Internats Schloss Salem: »Kinder und Jugendliche werden heute nicht mehr aufgezogen, sondern wachsen einfach auf. Sie sind umgeben von ungewollt aggressiv präsenten Erziehern: vom Fernsehen, vom plakativen Wohlstand unseres Landes, von den Verführern der Konsumgesellschaft, von den Vorbildern eines geistigen und charakterlichen Mittelmaßes, das unsere ›Eliten‹ repräsentieren.«

Vor dem Hintergrund dieser Gemengelage wächst die Sehnsucht der Bürger nach Orientierung in allen Lebensbereichen.

Millionen Jugendliche reisten nach Köln zum Weltjugendtreffen und jubelten dem Papst zu. Nicht etwa, weil sie religiös sind. Nein, sie sehnen sich nach Werten, nach Gemeinschaft, nach Brüderlichkeit und Frieden. Und für einige wenige Tage erfuhren sie tatsächlich, wie friedlich und fröhlich das menschliche Zusammenleben auch in Enge und großer Masse sein kann, wenn sich alle nach den gleichen Regeln richten. Spätestens als Papst Benedikt XVI. einige Monate später zum Heimatbesuch nach Bayern reiste und die Massen ihm erneut zujubelten, begann auch unter Menschen, die dem katholischen Glauben nicht eben nahestehen, das Nachdenken über den »Mangel an Werten und Orientierung«.

In Wirklichkeit mangelt es selbstverständlich weder an Werten noch an Orientierungsangeboten – ob man nun religiös ist oder nicht. Jeder kennt sie irgendwie, die grundlegenden Werte und Tugenden, aber zu wenige richten ihr Handeln danach aus. Allein in Umfragen lässt der deutsche Bürger seine Sehnsucht danach erkennen. Verlässlichkeit und Verantwortung, Ehrlichkeit und Gerechtigkeit halten mehr als 90 Prozent für wichtige Maßstäbe. Aber anscheinend sind diese Begriffe hohl geworden, weiß nicht jeder, was sie konkret bedeuten. Und in der öffentlichen Auseinandersetzung werden sie bevorzugt dem jeweils eigenen politischen Nutzen angepasst und somit eines verbindlichen Sinnes entleert.

Einst wurde Gerechtigkeit als die Gleichheit vor dem Gesetz definiert. Später hieß das »Chancengleichheit«. Jetzt aber erheben Sozialpolitiker eine »Verteilungsgerechtigkeit« zum politisch korrekten Begriff und begründen damit einen Umverteilungs-

und Versorgungswahn, der die Bildung einer sogenannten Unterschicht verhindern soll. »Unterschicht«, ein Terminus, den wir längst aus unserer Sprache aussortiert hatten – wie wir auch glaubten, »soziale Klassen« ein für alle Mal abgeschafft und durch »Lebensstile« ersetzt zu haben –, machte 2006 plötzlich Karriere und schaffte es sogar in die Schlagzeilen der *FAZ*. Früher hätte die politische Linke von »Proletariat« gesprochen, doch da dieses Wort als »politischer Kampfbegriff« quasi tabu ist, haben unsere schönredenden Politiker flugs den Begriff »Prekariat« erfunden.

Wie aber kam es zum Streit über die »Unterschicht«?

Der SPD-Vorsitzende Kurt Beck hat das »schmutzige Wort« – so der Kommentator der *FAZ* – benutzt, als er ausführte, dass nach einer Studie der SPD-nahen Friedrich-Ebert-Stiftung acht Prozent der Bevölkerung in Deutschland (in Ostdeutschland 20 Prozent) in unsicheren Arbeitsverhältnissen leben, in »prekären Lebenslagen«, geprägt von sozialer »Lethargie«. Diese Menschen hätten allen Ehrgeiz verloren und richteten sich nicht mehr nach den Werten der Gesellschaft. »Unterschicht« bezeichnet also für Beck eine Gruppe von Menschen, die sich aus dem gesellschaftlichen Konsens verabschiedet hat, die Regeln nicht mehr einhält und nicht mehr den Willen hat, sich durch eigenes Tun aus ihrer misslichen Lage zu befreien. Sofort erhob ein Klagechor von Politikern aus allen Parteien, inklusive der SPD, sein Wehgeschrei. Es handele sich doch bei den so benannten nur um »Menschen mit sozialen und Integrationsproblemen«.

In diesem scheinbaren Streit um Worte kann nur Klartext weiterhelfen.

Ich glaube, viele Begriffe in der gesellschaftlichen und politischen Debatte müssen wieder ihrer ursprünglichen Bedeutung oder wenigstens einem verbindlichen Sinn zugeordnet werden. Sie müssten wieder klar ausdrücken, was der meint, der sie benutzt, und nicht dazu dienen, das eigentlich Gemeinte schönrednerisch zu verschleiern. Denn in den modernen Wohlstandsgesellschaften hat sich breitgemacht, was George Orwell in seinem Roman *1984* als »newspeak«, also Neusprech, bezeichnet hat. »Newspeak« wird in der Gesellschaft von Orwells Roman angewendet, um den Menschen dort gedanklich die Möglichkeiten vorzuenthalten, Missstände klar benennen zu können. In der utopischen Zwangsgesellschaft von *1984* wird Klartext zur Gefahr für die Machthabenden. Und ohne dass wir es merken, leben auch wir längst in einer Art gedanklichen und sprachlichen Zwangsgesellschaft. Wie das »Unterschicht«-Beispiel zeigt, wird auch bei uns häufig »newspeak« angewendet, um einen gesellschaftlichen Missstand zu verschleiern.

Klartext reden aber bedeutet: ein Problem beim Namen zu nennen. Selbst wenn es wehtut. Sonst können die Probleme nicht in ihrer wirklichen

Tragweite wahrgenommen und erst recht nicht gelöst werden.

Klartext reden genügt aber nicht. Wer sich über einen Zustand beklagt, wer klare Rede und klares Denken einfordert, der muss auch bereit sein, Verantwortung zu übernehmen und entsprechend zu handeln.

Der Traum vom Paradies auf Erden ist ausgeträumt. Aber gibt es denn nicht einen anderen Traum, eine Vision, die uns als Wegweiser helfen könnte, die Probleme besser in den Griff zu bekommen? Wer dies fragt, muss in Bezug auf Europa, auf Deutschland genauer fragen: Wer sind wir? Was ist unsere Geschichte? Aus welchen Wurzeln ist unsere Kultur gewachsen? Wo wollen wir hin? Denn auch wenn moralische Werte, so wie wir sie verstehen, universell gültig sein sollen, so müssen wir sie in jeder Epoche und für jedes Gemeinwesen immer wieder neu diskutieren und mit Leben füllen. Dazu will dieses Buch beitragen, damit unsere neu erwachte Sehnsucht nach verbindlichen Werten nicht irgendwann in Frustration oder gar Aggression umkippt.

Die Vision: humanes Zusammenleben

Die Ordnung der Welt verschiebt sich. Neue Weltmächte entstehen in Asien. China und Indien werden sich in den kommenden Jahrzehnten zu wirtschaftlichen Supermächten entwickeln, werden Europa und selbst Amerika überholen. Die Globalisierung bedroht das alte Europa in wirtschaftlicher, gesellschaftlicher und kultureller Hinsicht, und nur, wenn die europäische Wirtschaftszone sich mit den Vereinigten Staaten verbündet, können sich beide gegen Asien behaupten. Solche und ähnliche Zukunftsprognosen werden uns täglich vor Augen geführt und bestimmen mehr und mehr unser Denken.

Was bedeutet das für die Menschen in Europa, was für uns Deutsche?

Auch hier sind die Vorhersagen alles andere als optimistisch. Immer mehr Arbeit, und nicht nur »schmutzige«, wird ins ferne Ausland verlagert. Die Alterspyramide steht in absehbarer Zeit auf dem Kopf und unsere Sozialsysteme brechen zusammen. Unser alter Kontinent droht wirtschaftlich ins Hintertreffen zu geraten. Migrationswellen aus den afrikanischen Ländern, deren Menschen viel mehr als wir zu den Verlierern von Modernisierung und Globalisierung gehören, überfordern die Gesellschaften vor allem der Mittelmeerländer, aber auch uns. Damit einher gehen eine Fundamentalisierung und Radikalisierung dieser Verlierer, die sich unter anderem in islamistischen Attentaten ihr Ventil suchen. Als Folge davon nimmt bei uns die Angst um unsere Sicherheit zu. Und zu guter Letzt verunsichern uns die Prognosen über den Klimakollaps, der die ganze Welt betrifft.

Auf diese Bedrohungen beginnt unsere Gesellschaft zu reagieren. Sehnsüchte nach alten Werten und Tugenden wie Verlässlichkeit, Geborgenheit, Gemeinschaftssinn werden wach. Der Kult des Individuellen, die Egogesellschaft samt ihren spaßkulturellen Ausprägungen geraten mehr und mehr unter Druck. All die Verunsicherungen und Vertrauensverluste wecken den Wunsch nach Sinn und Sicherheit. Entsprechend verändern sich die Anforderungen an die Erziehung. Nicht mehr das hedonistische Ausleben des Einzelnen ist das Ziel. Die Menschen erkennen, so der Trendforscher Horst W. Opaschowski in seiner Zukunftsstudie vom Herbst 2006, dass die Zukunftsfähigkeit der Gesellschaft davon abhängt, Kinder wieder zu dauerhaften Beziehungen zu ermutigen.

Diese wiedergekehrte Sehnsucht nach Verlässlichkeit und Geborgenheit aber bringt es mit sich, dass die Menschen sich auch nach so etwas wie

Selbstbewusstsein sehnen. Denn nur wer weiß, wer er ist, und sich selbst annimmt, kann Verlässlichkeit finden und selbst verlässlich sein. Das gilt für den Einzelnen genauso wie für die Gesellschaft. Für uns Deutsche bedeutet es aufgrund unserer Geschichte und der damit einhergehenden Zweifel und Skrupel, was kollektive »deutsche Identität« angeht, eine besondere Herausforderung, eine derartige Identität auszubilden.

In diesem Zusammenhang geht es um zwei Begriffe, mit denen wir uns seit der Befreiung durch die Alliierten schwertun: »Heimat« und »Nation«. Beide aber müssen mit Inhalten gefüllt werden, um eine nationale Identität überhaupt schaffen zu können. Einerseits muss sich die deutsche Geschichte inklusive Faschismus und Völkermord daraus erklären, und andererseits soll der Einzelne in die Gemeinschaft aufgenommen werden, in der er sich geborgen fühlt.

»Heimat« hat mit »Gefühl« zu tun, »Nation« hingegen mit »Vernunft«. »Heimat« bezeichnet keinen begrenzten Ort, so wie auch Gefühle keine Schranken kennen. Heimat bedeutet vielmehr etwas Diffuses, das Umfeld, in das ein Mensch hineingeboren wird oder das er sich zur »Wahl«-Heimat erkürt. Einen familiären, kulturellen, sozialen, politischen Ort, wo er Erfahrungen und Erinnerungen sammelt, wo er seine Einstellungen und Werte findet, die seine Identität, seinen Charakter und seine Mentalität prägen. Jeder wird sich dabei ein anderes Bild in seinem Kaleidoskop zurechtschütteln, der Almbayer eines mit Bergen und Bier, der Friese eines mit Meer und Korn, der junge Mann oder das Mädchen aus Kreuzberg vielleicht eines, das auch Elemente der Heimat seiner Eltern, die aus der Türkei stammen, enthält.

»Nation» ist hingegen etwas Künstliches, oft sogar Konstruiertes. Das gilt besonders auch für die »verspätete Nation« Deutschland, die ja erst im 19. Jahrhundert Gestalt annahm. Und dass es gerade diese Gestalt war, nämlich das preußisch-deutsche Reich als deutsche Nation, war nicht zwangsläufig, sondern lag am vielzitierten »Mantel der Geschichte«, den Bismarck am geschwindesten und besten ergreifen konnte. Der Stimmung der Zeit folgend wurde dann der Begriff Nation mit Gefühl aufgeladen, was zur unseligen Entwicklung des Nationalismus führte.

Aber Gefühl gehört zur Heimat, nicht zum blutleeren Begriff der Nation; das zumindest lehrt uns die Geschichte des Nationalismus.

Das Selbstbewusstsein eines Volkes erwächst aus den Erkenntnissen und Erfahrungen eines jeden Einzelnen. Hat sich ein gemeinsames Bewusstsein gebildet, bestimmt dies zwar das Denken jedes Einzelnen, zumindest in groben Zügen, aber die Einzelnen können es auch beeinflussen und ändern, wenn sie es denn wollen und einen Modus finden, diesem Wollen gesellschaftliche Bedeutung zu verschaffen.

Denken lenkt aber auch Handeln.

Und Handeln, das einem gemeinsamen Denken oder gemeinsamen Grundgedanken entspricht, könnte für uns Deutsche ein Weg in eine selbstbewusste Zukunft sein. Solches Denken und Handeln braucht aber zuallererst eine Richtung und damit ein Ziel, oder sagen wir es mit einem aus der Mode gekommenen Wort: eine gemeinsame Vision. Eine solche kann nur abstrakt formuliert werden, und ich schlage vor, von »humanem Zusammenleben« als identitätsstiftendem Ziel zu sprechen.

Unverzichtbare Grundlagen eines humanen Staates sind die Menschenrechte, wie sie in der »Allgemeinen Erklärung der Menschenrechte« der Vereinten Nationen von 1948 niedergelegt sind. Dazu gehören alle sogenannten Freiheitsrechte, aber auch Demokratie, Rechtsstaat und Gewaltenteilung, kritische und verantwortungsbewusste Medien, Umweltbewusstsein, Solidarität und so weiter. Oder anders gesagt: das Einhalten der ethischen Werte, die sich aus der Würde des Menschen herleiten.

Ein derart humaner Staat verlangt wiederum von jedem seiner Bürger, dass er sich verantwortlich fühlt für die Gemeinschaft und ihr Handeln. Und dieses Sichverantwortlichfühlen setzt voraus, dass man weiß, woran man sich in der Geschichte erinnern muss und was man getrost zu den Akten legen kann. Wesentlich für die Fassung einer deutschen Identität ist somit also jenseits des Zieles einer humanen Gesellschaft – sozusagen als Kehrseite der Medaille – das gemeinsame Wissen um die mörderischen Epochen unserer Geschichte. Allerdings reicht die alleinige Rückbeziehung auf den Faschismus, die in die Formel »Nie wieder Auschwitz« gerinnt, genauso wenig aus, eine »Identität« hervorzubringen, wie die Fixierung auf ein ewiges Wirtschaftswunder.

Leider erleben wir immer wieder, dass rechtsradikales Denken, besonders bei jungen und orientierungslosen oder ungebildeten Menschen, Anklang findet. Die Landtagswahl im September 2006 in Mecklenburg-Vorpommern hat das deutlich gezeigt: Mehr als sieben Prozent stimmten für die NPD. Und rechte Gewalt fordert immer wieder und sogar wieder zunehmend ihre Opfer. Angesichts dieser Tatsachen ist es unverständlich, dass der Staat die Mittel für Organisationen, in denen engagierte Bürger gegen rechte Gewalt ankämpfen, deutlich reduziert.

Aber leider gibt es bedenkliche Positionen auch in den etablierten Parteien. In der Regel versuchen in derartigen Fällen Politiker, aus den diffusen Gefühlen einer deutschen »Minderwertigkeit« populistisches Kapital zu schlagen. So verursachte zum Beispiel der sächsische CDU-Bundestagsabgeordnete Henry Nitzsche einen Skandal, als er sich dazu hinreißen ließ, bei einer Parteiversammlung mit Blick auf die NS-Vergangenheit von einem »Schuldkult« zu sprechen, und gleichzeitig forderte, Deutschland solle nie wieder von »Multikulti-Schwuchteln« regiert werden. Monatelang blieben diese Äußerungen des CDU-Mannes in seiner Partei auch noch unwidersprochen. Hier hätte die Bundespartei Klartext sprechen und den Mann aus der Partei ausschließen müssen. Aber dazu fehlte der Mut.

Oder ist es gar nicht der Mut, der fehlt, spekuliert man vielleicht sogar ganz gern mit einer Stimmung, die da heißen mag, jetzt sei es aber genug mit der Besinnung auf Nazis und Holocaust, weg damit, statt sich damit auseinanderzusetzen, wie zeitgerechtes Erinnern in ein Konzept nationaler Identität einzubauen wäre – da die Konzepte »Wirtschaftswunder« und »Europa« zumindest emotional in der Krise sind.

Auch wenn das Konzept einer »humanen Gesellschaft« abstrakt klingen mag und eine Vision ist, die sich bestimmt nicht über Nacht verwirklichen lässt, so ist die humane Gesellschaft doch ein »entschiedener Bruch mit der Tradition des Obrigkeitsstaates, eine beharrliche experimentelle Humanisierung aller Instanzen des Staates, Parteien, Militär mit eingeschlossen, (und) wäre sicher als Mittel der Reinigung von dem Stigma der Vergangenheit und damit zugleich als Mittel der gegenwärtigen und zukünftigen Sinngebung von Staat und Nation ebenso nützlich wie erfreulich gewesen. Ein humaner Staat, so etwas fehlt eigentlich noch auf der Welt« – so der Soziologe Norbert Elias.

In einer humanen Gesellschaft besteht keine

Trennung zwischen privater und öffentlicher Moral. Diese Moral regelt, wie Menschen in einer Gemeinschaft miteinander umgehen sollen – sowohl im Privaten als auch in öffentlichen Beziehungen. So weit die Theorie. Im »wirklichen« Leben aber wird das Individuum sehr viel häufiger und vielleicht sogar strenger an den Wertmaßstäben gemessen als das »politische System«. Es wird also nicht leicht sein, die Vision einer humanen Gesellschaft zu realisieren, denn das verlangt von Bürgern und Politikern ein Umdenken in kaum vorstellbarem Maße. Gerade aber auch für Politiker muss endlich zur Maxime werden, dass nicht das Erlangen und Festhalten an der Macht Ziel aller Politik sein darf, sondern das Wohl der Bürger eines Landes, in dem Werte wie Solidarität, Toleranz und Gerechtigkeit eine wichtige Rolle spielen. Gerade von wahrer Solidarität ist nur noch selten die Rede; sicher einer der Gründe, dass die Schere zwischen Arm und Reich immer weiter aufklafft.

Welcher Politiker aber ist heute bereit, seine Macht zugunsten vernünftiger Entscheidungen aufs Spiel zu setzen? Bundeskanzler Gerhard Schröder hat es einmal versucht. Es ist ihm schlecht bekommen. Schröder hatte zentrale Probleme unserer Gesellschaft erkannt und mit der »Agenda 2010« auch Mut gezeigt. Doch die Reformvorhaben, die er formuliert hat, haben ihm in seiner eigenen Partei und bei den Gewerkschaften keine Zustimmung gebracht. Ein paar mehr oder weniger unbefriedigende

Kompromisse waren das Ergebnis – unter anderem »Hartz IV« – und trotzdem sagen selbst führende Unions-Politiker, ohne Schröders »Agenda 2010« gäbe es in Deutschland 800 000 Arbeitslose mehr. Aber sie sagen es nur hinter vorgehaltener Hand. Denn selbstverständlich war zu Zeiten von Schröders Kanzlerschaft die CDU/CSU-Fraktion so ganz und gar nicht für Reformen à la »Agenda 2010«.

Im Wahlkampf 2005 sah das dagegen ganz anders aus. Da trat Angela Merkel siegesgewiss mit Konzepten an, die doch sehr nahe an Schröders Agenda lagen. Und, o Wunder, selbstverständlich bekämpfte Schröder diese Konzepte nun auf das heftigste. So kam schließlich die Große Koalition zustande, und Optimisten glaubten, jetzt könnte eine breite Mehrheit dafür sorgen, die Probleme des Landes wirklich anzugehen, denn jeder weiß ja, wo die Probleme, vor allem der Sozialsysteme, liegen. Doch weit gefehlt. Statt Politik zu machen, die einem größeren Ziel verpflichtet ist, sorgen sich auch die heute Regierenden anscheinend nur noch darum, wie sie sich an der Macht halten können. Denn das ist die Lehre aus Schröders »Agenda 2010«-Experiment: Wer mutig ist, wird abgestraft.

Aber auch jenseits der großen Themen wie Subventionsabbau, Renten- und Gesundheitssystem gibt es jede Menge offensichtlicher Einsparpotenziale, die mit einfachen Veränderungen zu nutzen wären. Jeder Fraktionsvorsitzende weiß beispielsweise, dass es zu viele Abgeordnete, ja zu viele Parlamente gibt. Aber der Druck aus den Parteiapparaten verhindert eine Reduzierung auf das vernünftige Maß. Auch der Föderalismus müsste grundsätzlich reformiert werden. Doch dagegen sträuben sich die Landesfürsten aller Parteien. Selbst Wirtschaftsbosse, die börsennotierte Gesellschaften vertreten, wie der Porsche-Chef Wendelin Wiedeking, fordern öffentlich die Abschaffung aller Wirtschaftssubventionen. Sie seien sinnlos und dienten nur den diversen Lobbys. Mit diesen »Interessenvertretern« jedoch will sich kein Politiker anlegen. So wachsen die Staatsschulden, und die jetzige Generation lebt auf Kosten ihrer Enkel.

Zum Kernbestand unseres Moralkodex gehört das Verbot, andere Menschen zu töten, töten zu lassen beziehungsweise an der Tötung mitzuwirken. Das gilt selbst für schwerste Straftäter. Und das muss so sein in einer humanen Gesellschaft. Deshalb ist es auch so schwer zu begreifen, wie Waffenverkäufe in Krisengebiete zugelassen werden können. Denn wer Waffen herstellt und sie in ein fremdes Land liefert, besonders wenn sich dieses Land nicht innerhalb des eigenen Sicherheitsbündnisses befindet und als sogenannte Krisenregion gilt, der leistet Krieg oder Aufstand und somit der Tötung von Menschen Vorschub.

Deutschland verfügt zwar über strenge Gesetze zur Waffenausfuhr, doch immer wieder tauchen deutsche Waffen, auch die besonders verheerenden Landminen, in Kampfgebieten der immer noch so genannten Dritten Welt auf. Das moralisch Falsche kann aber im politischen oder wirtschaftlichen Zusammenhang nicht plötzlich halb richtig oder nur halb falsch sein. Ein solches Urteil wird oft vorschnell als »naiv« verurteilt, was heißen soll: nicht der realen Politik, wie sie seit langem ausgeübt wird, entsprechend.

Moralische Forderungen aber haben nicht dem zu entsprechen, was ist, sondern vorzugeben, was sein sollte, sie müssen dem gern zitierten Sachzwang widerstehen. Und »umdenken« sollte bedeuten, ernsthaft in Betracht zu ziehen, was bisher keine Bedeutung hatte.

Die Politik in Deutschland war bis 1945 von Großmachtstreben geprägt, was im Europa von heute so nicht mehr denkbar ist. Und wenn die Erinnerung an den Völkermord Deutschland etwas verbietet, dann einen Rückfall in aggressive Machtpolitik. Darüber hinaus heißt einer unserer historisch abgeleiteten, für uns zentralen Leitgedanken »Nie wieder Auschwitz«. Und dennoch hat sich die Bundesregierung weder mit Worten in der Weltöffentlichkeit noch mit Taten für eine Beendigung des Völkermords in der westsudanesischen Region Darfur eingesetzt, obwohl der ehemalige Bundesinnenminister und FDP-Politiker Gerhart Baum von der UNO zwei Jahre lang zum Darfur-Beauftragten ernannt worden war und ständig vom deutschen Außenministerium ein entsprechendes Eingreifen gefordert hat.

Aber es geschah nichts.

Warum?

Weil Bundesaußenminister Joschka Fischer, ganz Machtpolitiker, versucht hat, für Deutschland einen ständigen Sitz im Weltsicherheitsrat zu erlangen. Der Sudan jedoch liefert sehr viel Öl nach China, und Deutschland wollte China nicht verprellen. Denn China gehört zu den Vetomächten im Sicherheitsrat.

So wird machtpolitisches Kalkül gegen eine moralische, unserer jüngeren Geschichte verpflichtete Haltung ausgespielt. Und es wird lange dauern, bis sich der »naive« Gedanke einer humanen Gesellschaft verbreiten und im deutschen Bewusstsein verankern lässt. Aber wer begriffen hat, dass er verantwortlich ist, ja mitverantwortlich gemacht werden kann, muss darüber nachdenken, ob es weiterhin bei einer strengen privaten und einer laschen öffentlichen Moral bleiben soll. Sich mitverantwortlich wissen bedeutet, aktiv am Staat und seiner Humanisierung mitzuarbeiten.

Die Mehrheit der Deutschen aber fühlt sich für dieses unser Land nicht wirklich verantwortlich.

Dafür ist die geringe Wahlbeteiligung bei den Landtagswahlen im September 2006 ein beredtes Beispiel. Knapp 40 Prozent der Wähler haben sich nicht nur dem Urnengang, sondern wohl ganz bewusst den angestammten Parteien verweigert. Der Grund dafür ist einleuchtend: Die Wähler sehen in den Parteien nur noch Machterhaltungsinstrumente. Aber das zu ändern ist nicht möglich, wenn sich die Kritiker zurücklehnen und sich verweigern, sondern nur, wenn sie handeln. Wer mit dem Zustand des Gemeinwesens nicht zufrieden ist, kann, ja muss helfen, ihn zu verbessern. Der Staat herrscht schließlich nicht über den Bürger, sondern ist ein von den Bürgern geschaffenes Instrument der Gemeinschaft.

Im Gegensatz zu anderen Nationen fehlt bei uns oft die Einsicht, dass der Staat ein Gemeinschaftswerk ist und nicht ein dem Einzelnen feindlich gegenüberstehendes Abstraktum. Diese fatale Haltung ist sicherlich ein Resultat unserer Geschichte. Schließlich sind uns die Grundlagen für einen demokratischen und zur Humanität fähigen Staat von den drei westlichen alliierten Siegermächten des Zweiten Weltkriegs geschenkt worden. Wir haben uns diese nicht selbst erkämpft. Deswegen leiden viele Menschen seit der Befreiung 1945 unter einer Art Minderwertigkeitskomplex und würden Deutschland gern in einem europäischen, postnationalen Nebelgebilde verschwinden sehen. Denn dann müssen sie sich auch keine Gedanken machen darüber, wie man unsere Geschichte mit einer Vision einer zukunftsfähigen »deutschen Identität« zusammenbringt. Keiner jedoch würde es als Last empfinden, mit einem humanen Staat identifiziert zu werden. Wer das verstanden hat, muss auch über seine aktive und konkrete Beteiligung am Staat nachdenken. Und wer sich verantwortlich fühlt, der kümmert sich auch. Im zwischenmenschlichen Bereich ist es ja nicht ungewöhnlich, dass jemand, der für einen anderen Menschen Verantwortung übernimmt und sich um ihn kümmert, auch positive Gefühle für ihn empfindet.

Wir Deutsche müssten lernen, dass wir nur dann in der Lage sein werden, am humanen Staat mitzuarbeiten, wenn es uns gelingt, die »Nation« neu zu definieren. Dann könnten wir einen Weg aus unserem Dilemma finden, dem Dilemma, uns nicht nur negativ auf unsere Geschichte zu beziehen, ohne uns aus der historischen Verantwortung zu stehlen. Das wäre die Voraussetzung für ein gesundes Selbstbewusstsein und würde uns peinliche Debatten darüber ersparen, ob wir nun »stolz« auf Deutschland sind oder unser Land »lieben«.

Diese zeitgemäße deutsche Nation kann also nicht mehr aus einem die Gemeinschaft fördernden »guten« Teil und einem andere ausgrenzenden »bösen« Teil bestehen, genauso wenig aus einer »guten Geschichte« und einer »bösen Geschichte«. Dieser Nation kann sich anschließen, wer mag, und es kann sie verlassen, wer mag. Dieses »Deutschland« hieße dann auch nicht mehr »Vaterland«, sondern wäre gleichermaßen »Vernunftnation« und »gefühlte Heimat« für alle, die unter diesen Bedingungen, denen eines humanen Staates, leben und sich dafür verantwortlich fühlen wollen. Denn die Lehre aus der Vergangenheit lautet: Zur nationalen

Identität gehört die Erkenntnis, dass jeder aus Notwendigkeit Mensch, aus Zufall Deutscher ist. Und zum Deutschsein gehört das Wissen um die Vergangenheit – mit ihren schlechten, aber auch mit ihren guten Teilen. Ein wesentlicher Schritt wäre getan, wenn »Deutschsein« nicht mehr als belastender oder schöner Zustand erfahren, sondern als Aufgabe erkannt würde, die Rechte des Menschen zu etablieren, sie zu wahren und zu verteidigen.

Das alles kann aber nur gelingen, wenn endlich Klartext geredet wird, wenn Tabus endlich Tabus genannt werden dürfen.

Wäre es beispielsweise nicht richtig und notwendig, wenn offensichtliche Gauner endlich wieder »Gauner« genannt würden und Lügner Lügner? Und zwar vor aller Welt, also nicht nur, wenn man mit Freunden bei einem Glas zusammensitzt und sich in Rage geredet hat.

Wahrscheinlich würde es zuerst einmal Verwunderung auslösen, wenn ein Minister, ein respektierter Politiker, ein hoher Richter oder gar ein Kardinal den Begriff »Gauner« verwendete, doch wenn es den Richtigen träfe, könnte aus diesem Gefühl schnell Genugtuung werden.

Der Begriff »Gauner« ist noch gar nicht so alt. Er stammt aus der ersten Hälfte des 19. Jahrhunderts, ein »heimatloser Strolch« wurde so bezeichnet. Ab Anfang des 20. Jahrhunderts dann fielen auch »gewerbsmäßige Eigentumsverbrecher« in diese Kategorie. Im 21. Jahrhundert wird aus dem »Gauner«

schließlich eine Person, deren Handlungen als unredlich, hinterhältig oder ähnlich verachtenswert angesehen werden.

»Gauner« ist aber immer noch etwas anderes als »Verbrecher«, »Steuerhinterzieher« oder »Betrüger«. Und im Gegensatz zum »Betrüger« ist der »Gauner« auch kein Fall für die Justiz, somit ist das Prädikat »Gauner« auch nicht justiziabel. Sollte man also Personen, die »treuwidrige Verschwendung« von insgesamt mehr als 30 Millionen Euro zu Lasten der Eigentümer von Mannesmann, also der Aktionäre, zu verantworten haben, nicht »Gauner« schelten können, ja müssen? Schließlich lebt auch eine demokratische Gesellschaft davon, dass sie jene bestraft, die sich nicht an die Regeln dieser Gesellschaft, nicht an ihre Werte halten.

Und dafür müssen nicht einmal die Gesetzeshüter zu Hilfe gerufen werden. Vielmehr können die Mitglieder der Gesellschaft ihre unmoralisch handelnden Mitbürger strafen: durch Appelle an ihr Gewissen, an ihr Schamgefühl, durch gesellschaftliche Missachtung, alles Strafen, die einen reichen »Gauner« manchmal mehr treffen als eine Buße in Millionenhöhe.

»Eine Gaunerei« nannte der Oberstaatsanwalt Hartmut Schneider vom 5. Strafsenat des Bundesgerichtshofs in Leipzig die Manipulationen des Fußballschiedsrichters Robert Hoyzer. Der Staatsanwalt forderte zum Erstaunen der Prozessbeobachter einen Freispruch des in erster Instanz zu zwei Jahren und fünf Monaten Freiheitsstrafe verurteilten Mannes. »Das ist eine Gaunerei«, so führte Schneider aus, »aber strafrechtlich kommt man da nicht dran.« Das Strafgesetzbuch nämlich biete noch keine Möglichkeit, derartige Manipulationen als Betrug zu ahnden. Der Bundesgerichtshof sah das anders; jetzt muss Hoyzer wohl ins Gefängnis. Wichtiger als der juristische ist aber der gesellschaftliche, der moralische Aspekt.

Auch andere hätten es sich redlich verdient, als Gauner bezeichnet zu werden, etwa die ehemaligen Vorstandsvorsitzenden von Mannesmann, Klaus Esser und Joachim Funk. Beide haben Prämien für etwas bekommen, wofür sie ohnehin bezahlt wurden. Klaus Esser sollte 16 Millionen Euro für seine Verhandlungsführung beim Verkauf von Mannesmann erhalten, und Joachim Funk immerhin noch 4,5 Millionen, obwohl er inzwischen im Aufsichtsrat saß und die Geldverteilung selbst mit beschlossen hatte. Sie wurden deshalb vor Gericht geladen. Aber das Landgericht Düsseldorf sprach die Angeklagten frei. Der Bundesgerichtshof jedoch hob das Urteil unter dem Vorsitz des Richters Klaus Tolksdorf dann auf: Die Genehmigung der Prämien für ausscheidende Manager sei »treuwidrige Verschwendung« fremder Gelder gewesen. Tun so etwas nicht Gauner?

Immerhin ist der Bundesrichter Klaus Tolksdorf in seiner mündlichen Begründung schon weit gegangen, als er über die Herren »Gauner« sagte: »Die

Angeklagten waren eben nur Gutsverwalter, nicht Gutsherren.«

Der Gutsherr kann sein Geld verteilen, wie es ihm behagt, weil es ihm gehört. Wenn der Verwalter aber einen Teil des Vermögens einsteckt oder verteilt, aus welchem Motiv auch immer, ist er dann nicht ein »Gauner«? Insbesondere, nachdem das Gericht in Düsseldorf die Verhandlung mit einer Abmachung zwischen Angeklagten und Justiz eingestellt hat? Klaus Esser muss 1,5 Millionen Euro, Joachim Funk 1 Million Euro an die Staatskasse zahlen. Damit gelten beide als nicht vorbestraft. Juristisch ist gegen diese Entscheidung der Justiz nichts einzuwenden. Denn deutsche Gerichte stellen jedes Jahr Hunderttausende von Strafverfahren zum Beispiel gegen Ladendiebe oder Umweltsünder nach der Zahlung einer Geldauflage ein. Über Gesetzesverstöße haben Richter zu entscheiden, nicht über Moral. Das können, ja müssen die Bürger übernehmen, die Wert legen auf die Einhaltung der gesellschaftlichen Regeln.

Gesellschaftlich geächtet zu werden trifft manchmal auch einen Millionär hart. So klagen die immer noch reichen Brüder Haffa, sie würden von der High Society geschnitten, und das schmerzt sie. Thomas Haffa war zu 1,2 Millionen Euro und sein Bruder zu 240 000 Euro Strafe verurteilt worden, weil sie wissentlich falsche Umsatzzahlen veröffentlicht und damit den Aktienkurs ihres Unternehmens EM.TV nach oben getrieben hatten. Für die Haffa-Brüder offensichtlich kein Grund, sich »Gauner« nennen zu lassen.

Es mag sein, dass die meisten Menschen sich scheuen, einen erfolgreichen Mann wie den ehemaligen Vorstandsvorsitzenden von Mannesmann einen »Gauner« zu nennen. Schließlich werden doch in seinen Hemisphären häufig Millionen als Prämien ausgezahlt, wofür auch immer. Und das trifft sicher ebenso auf Manager oder deren Mitarbeiter wie die Gewerkschafter von VW zu, die sich für ein paar Millionen auf Kosten der Firma vergnügt haben – allein Adriana Barros, die langjährige Geliebte des ehemaligen Betriebsratschefs Klaus Volkert, hat vom Volkswagen-Konzern fast 400 000 Euro erhalten –, als auch auf den ehemaligen Verfassungsschutzchef und Verteidigungsstaatssekretär Ludwig-Holger Pfahls, der Millionen von einem Waffenvermittler einstrich, oder den Topmanager von Infineon, Andreas von Zitzewitz, der ein paar hunderttausend Euro Sponsorengelder in seine eigene Tasche umlenkte. Nicht zuletzt die Landes- und Kommunalpolitiker, die bei der Einrichtung von Müllverbrennungsanlagen die Hand aufhielten. Und trotzdem wagt niemand, sie Gauner zu nennen?

Gegen eine derart unehrenhafte Benennung sind nicht nur die Schönen und Reichen gefeit. Auch wenn ein Sportreporter oder gar ein junger Mensch aus sozial schwachem Milieu eine Gaunerei begeht, dann hält eine seltsame soziale Scheu die meisten Leute davon ab, ihn entsprechend verbal zu ächten.

Wir sehnen uns zwar nach moralischem Verhalten, wollen aber nicht zuständig sein für die Einhaltung der Regeln: Lob für den einen, Tadel für den anderen. Oder sind wir etwa deshalb so vorsichtig, weil wir uns auch selbst alle Optionen offenhalten wollen? Kann man mit solcher Haltung Staat machen? Da sind uns manche Naturvölker haushoch überlegen, wie der Schweizer Ethnopsychologe Paul Parin gezeigt hat: So lachen beispielsweise die Dogon in Westafrika ein Mitglied ihrer Gemeinschaft, das gegen die Regeln verstößt, so lange aus, bis der Regelbrecher daran stirbt. Er zieht den physischen Tod der gesellschaftlichen Ächtung vor.

In Sachen couragiertem Auftreten hat mich das Verhalten des französischen Innenministers Nicolas Sarkozy im Sommer 2005 nachdenklich gestimmt. Er besuchte heruntergekommene Viertel der Pariser Banlieue, als ihm eine Bewohnerin aus dem zweiten Stock eines Wohnblocks zurief, die Jugendlichen hier benähmen sich wie »Gesindel«. Ob er, der Minister, da nicht gleicher Meinung sei, und was er zu tun gedenke. Sarkozy nahm die Wortwahl der erzürnten Frau auf und rief ihr zu, gegen dieses Gesindel werde er mit dem »Kärcher« (einem Hochdruckreiniger) vorgehen. Eine Fernsehkamera zeichnete den Wortwechsel auf, und die Szene lief abends in den Nachrichten. Es folgten große Unruhen in der Banlieue und in ganz Frankreich. Die von Sarkozy verunglimpften Jugendlichen steckten in den nächsten Tagen Tausende von Autos an. Sie stellten keinerlei politische Forderungen, sondern verlangten nur eine Entschuldigung für die Bezeichnung »Gesindel«. Wobei sie vergaßen, dass sie sich in ihren gewalttätigen Protesten exakt wie »Gesindel« benahmen.

Nicolas Sarkozy verhielt sich anders, als es Politiker üblicherweise tun. Er ruderte nicht zurück und erklärte nicht, er sei missverstanden worden. Im Gegenteil bestand er darauf, Gesindel klar und deutlich »Gesindel« zu nennen. Wenn das »Gesindel« sich beleidigt fühle, so hoffe er, werde es vielleicht seine Handlungsweise gegenüber der Gesellschaft ändern, um nicht weiterhin so bezeichnet zu werden.

Dürfen wir also Gauner »Gauner« nennen? Ja, sollen wir Gesindel genau so und nicht anders bezeichnen als »Gesindel«?

»Gesindel« nennt man Menschen, die man verachtet. Diebsgesindel, Lumpengesindel. Auch ich habe Hemmungen, Jugendliche, die Gesetze und Mitmenschen nicht achten, gleich »Gesindel« zu nennen. Denn ich bin mir bewusst, dass vor gar nicht langer Zeit die Nazis Menschen und Gruppen, die sie ablehnten und der Verachtung preisgaben, in KZs sperrten und umbrachten. Nach wie vor gilt der Satz des 1940 nach New York ausgewanderten Literaturwissenschaftlers George Steiner: »Die Gegenwart von Auschwitz hat auch darin ihren Grund:

Wir haben keine andere Sprache als die, in der Auschwitz geboren und vollzogen wurde.«

Nach dem Dritten Reich haben sich auch die Deutschen angewöhnt, mit Sprache kritisch umzugehen, darauf zu achten, welche Wörter sie wählen – was ein Segen ist. Der Politikwissenschaftler Dolf Sternberger, der Sprachwissenschaftler Gerhard Storz und der Journalist W. E. Süskind haben mit ihrem Werk *Aus dem Wörterbuch des Unmenschen* Maßstäbe der Sprachkritik gesetzt. Und wer in diesem Buch nachschlägt, wird den Satz von Dolf Sternberger finden, wonach »der Sprachkritiker ein Philologe und Moralist zugleich« sein müsse.

»Sprechen und Denken sind eins«, schrieb Karl Kraus. Und seine Aussage deckt sich mit der Beobachtung von Wilhelm von Humboldt, der von den Völkern sagte: »Ihre Sprache ist ihr Geist, und ihr Geist ist ihre Sprache – man kann sich beide nie identisch genug denken!« Während aber Humboldt vom menschlichen Geist edel dachte, fuhr Karl Kraus fort: »Sprechen und Denken sind eins, und die Schmöke sprechen so korrupt, wie sie denken.« Schmöke ist Plural von Schmock, ein jiddischer Begriff für einen unangenehmen, dummen und angeberischen Menschen.

Die Konsequenz daraus ist, so Sternberger, dass der Sprachkritiker nicht nur nach den ästhetischen Maßstäben von schön oder hässlich unterscheidet, sondern in »letzter Instanz nach Maßstäben des Guten und Bösen, insbesondere des Menschlichen und Unmenschlichen«. Allerdings sei Kritik nicht mit Vorschrift oder Weisung zu verwechseln, sondern der Sprachkritiker gebe Ratschläge, ohne Gebote oder gar Verbote zu erlassen. Und da weiß sich Sternberger wiederum einig mit Karl Kraus: »Sprachanweisungen müssten unleserlich geschrieben sein, um dem Sprecher annähernd den Respekt einzuflößen wie das Rezept dem Patienten. Wenn man nur entnehmen wollte, dass vor dem Sprachgebrauch der Kopf zu schütteln sei.«

Eingedenk der Vorsicht, die wir unserem Sprachgebrauch historisch schulden, insbesondere, wenn wir einen Einzelnen mit einem Begriff wie »Gauner«, »Gesindel« oder »Lügner« belegen, müssen wir trotzdem den Mut haben, solche Wörter zu gebrauchen. Denn wenn wir wollen, dass in unserer Gesellschaft die moralischen Standards eingehalten werden, dann müssen wir uns vor Benennungsverboten hüten. Wer nicht als »Gauner«, wer nicht als »Gesindel« bezeichnet werden will, soll sich auch nicht wie Gauner oder Gesindel benehmen. Tut er es doch, muss er die Folgen tragen. Benutzt einer den Begriff zu Unrecht, muss sich jemand finden, ihn ebenso klar als Denunzianten oder Lügner in die Schranken zu weisen.

Ganz offensichtlich gilt in unserer Gesellschaft alles als richtig und rechtens, was mit ökonomischen Notwendigkeiten begründet werden kann. Das Sichberufen auf den wirtschaftlichen Zweck ist so eine Art Persilschein oder Blankoscheck für jegliches Verhalten geworden. In den vergangenen Jahren haben uns einige Industriemanager mit lautem Getöse vorgegaukelt, ihnen stünde das mehrfache ihrer schon hohen Millionengehälter zu, obwohl sie damit die von ihnen selbst aufgestellten Kriterien verletzten. Niemand zog sie zur Verantwortung, weder für unnötigen Personalabbau, Gewinnverlagerungen und damit Steuerflucht ins Ausland noch für das Einkassieren fragwürdiger Subventionen, eher bekamen sie dafür noch ein paar Millionen obendrauf. Und wer die Millionengehälter kritisiert, wird gleich der Wirtschaftsfeindlichkeit bezichtigt oder als Vertreter der Neidfraktion abqualifiziert.

Es wäre verwegen zu behaupten, im Bundesgerichtshof säßen Kritiker des Kapitalismus. So kommt dem Wort des Bundesrichters Klaus Tolksdorf besondere Bedeutung zu. Er spricht Klartext, wenn er sagt, wer das Verfahren wegen der Mannesmann-Prämien als »wirtschaftsfeindlich« kritisiere, der habe wohl die Bodenhaftung verloren: »Mit etwas Rechtsgefühl hätte jeder erkennen können, dass der bloße Wunsch eines Managers keine Rechtfertigung für eine Millionenprämie darstellt.«

Klartext zu reden wagt nur, wer über ein gefestigtes Selbstbewusstsein verfügt und die Wertmaßstäbe seiner Gesellschaft kennt und akzeptiert. Diese Maßstäbe – Werte und Tugenden – gründen letztlich zwar immer in der Würde des Menschen, in jeder Gemeinschaft aber werden sie anders gewichtet. So legen Franzosen oder Briten bei der Betrachtung des gleichen ethischen Problems, etwa bei der Frage der Forschung mit Stammzellen oder bei der Organspende, andere Maßstäbe an als die Deutschen. Für einen Franzosen steht es mit Bezug auf die »fraternité«, die »Brüderlichkeit«, die man sich gegenseitig als Franzose und Mensch schuldet, außer Zweifel, dass man im Fall des Falles Organspender ist. Nur wer dies für sich ausschließt, trifft eine entsprechende Verfügung. Bei uns in Deutschland ist es exakt umgekehrt: Niemand ist Organspender, es sei denn, er bekennt sich ausdrücklich mit einem entsprechenden Dokument dazu. Unsere entsprechenden Maximen sind eben immer noch geprägt von den Reflexen auf die Gräuel des Dritten Reichs. Diesen Teil der deutschen Geschichte »richtig« und zukunftsfähig einzuordnen bedeutet, sich mit seiner nationalen Identität so auseinanderzusetzen, dass man aus ihr trotz allem sein Selbstbewusstsein ziehen kann.

Hier ist eine kleine, aber wichtige Randbemerkung angebracht: Wenn in meinem Buch von »den Franzosen«, »den Engländern« oder »den Deutschen« die Rede ist, so halte ich mich da an Karl Jaspers. Charakteristiken, so schreibt der Philosoph, »etwa der Deutschen, der Russen, der Engländer, treffen nie Gattungsbegriffe, unter denen die einzelnen Menschen subsumiert werden können, sondern Typenbegriffe, denen sie mehr oder weniger entsprechen. Die Verwechslung der gattungsmäßigen mit der typologischen Auffassung ist das Zeichen des Denkens in Kollektiven. (…) Daß durch die typologische Auffassung etwas getroffen wird, darf nicht zu der Meinung verführen, jedes Individuum erfaßt zu haben, wenn man es als durch jene allgemeine Charakteristik getroffen betrachtet. Das ist eine Denkform, die sich durch die Jahrhunderte zieht als ein Mittel des Hasses der Völker und Menschengruppen untereinander.«

Der Wert des Menschen

Die Würde des Menschen ist unantastbar. Sie bestimmt den Wert des Menschen in Philosophie und Ethik, die Menschenrechte leiten sich aus der Würde des Einzelnen her.

In den letzten Jahrzehnten haben wir uns angewöhnt, alles bewerten zu wollen, auch den Menschen.

Dessen Würde aber kann nun einmal nicht in Gramm und Kilo abgewogen werden, seine Rechte verweigern sich dem Zentimetermaß.

Da die Wirtschaft aber ohne Festlegungen nicht arbeiten kann, haben sich Ökonomen ein Maß ausgedacht und es »Humankapital« genannt. Dieser Begriff hat sich aber mit der Zeit verselbstständigt und schließlich Streit ausgelöst.

Es war ein Dienstag im Januar 2005, als gleichzeitig das Institut der deutschen Wirtschaft Köln eine neue Untersuchung zum Thema »Humankapital« herausgab und eine Jury um den Frankfurter Sprachwissenschaftler Professor Horst Dieter Schlosser das Wort »Humankapital« sprachlich bewertete.

Die Wirtschaftswissenschaftler bezifferten das Humankapital der voll erwerbstätigen Bevölkerung in Deutschland auf knapp 3 Billionen 750 Milliarden Euro. So wird der Mensch als Arbeitsquotient gemessen. Die Summe von weit über 3 Billionen Euro wurde aus den direkten Ausbildungskosten sowie den indirekten Kosten in Form von entgangenem Einkommen ermittelt, die entstünden, wenn die Bundesbürger ihre Schul- und Berufsabschlüsse neu erwerben müssten. Das Humankapital sei im Jahresdurchschnitt nur noch um 1,8 Prozent gewachsen. Das sei bedauerlich wenig, so mahnten die Wirtschaftswissenschaftler.

Noch bevor die Jury der Sprachwissenschaftler diese Meldung zur Kenntnis nehmen konnte, hatte sie schon das ökonomische Maß des Menschen, »Humankapital«, zum »Unwort des Jahres« gekürt.

Als Terminus technicus habe er gegen den Begriff nichts einzuwenden, sagte Professor Schlosser, solange dieses Fachwort nur von Fachleuten benutzt werde. Inzwischen sei »Humankapital« aber ein alltäglicher Begriff, der nicht nur unter Ökonomen verwendet werde. In manchen Vorstandsetagen sei mittlerweile überhaupt nicht mehr von Menschen, sondern nur noch von »Humankapital« die Rede, so die Sprachwissenschaftler, und somit falle das Wort in die Kategorie »zynischer Sprachgebrauch«.

Ursprünglich stammt dieses so geschmähte Wörtchen aus den USA und ist von linken Ökonomen und Politologen wie Robert Solow, Lester Thurow und Robert Putnam in Umlauf gebracht worden. Diese Wissenschaftler leitete ein höchst ehrenwertes Motiv. Sie forderten, dass viel mehr in den Menschen, das kostbarste Gut einer postindustriellen Gesellschaft, investiert werden solle, genauer gesagt in Bildung und Fortbildung. Die Wirtschaft dürfe nicht nur den materiellen Wert von Maschinen berechnen, sondern müsse auch den Wert des Menschen festlegen, der Herr über die zu bedienenden Maschinen bleibe – Computer hin, Computer her. Damit wurde dem Menschen erst einmal ein eigener Wert im Vergleich zur Maschine zugesprochen. Der Wert des Menschen wurde genauso errechnet wie der des Produktionsmittels.

Kein Wunder, dass die deutschen Ökonomen Zeter und Mordio riefen, als sie von der Wahl des Begriffs »Humankapital« zum Unwort hörten. Professor Manfred Neumann, Universität Bonn: »Wer es zum Unwort abstempeln will, ist ein mentaler Luftverschmutzer und geistiger Totengräber unserer Volkswirtschaft.«

Professor Bernd Raffelhüschen, Universität Freiburg: »Wieso Unwort? Wir Ökonomen benutzen dieses Wort seit Jahrzehnten für die beste Form der Ersparnisbildung, die wir kennen. Der Begriff verweist gerade auf den Wert des Menschen, den Wert der Mitarbeiter für ein Unternehmen, den Wert der Kinder für unsere Zukunft, den Wert des nur den

Menschen möglichen Denkens in der Wissensgesellschaft.«

Es kommt selten vor, dass vor einer Nachrichtensendung schon Reaktionen auf einen Bericht eingehen, der noch gar nicht gesendet worden ist. Als an jenem Dienstag, den 18. Januar 2005, die Wahl von »Humankapital« zum Unwort des Jahres bekannt gegeben wurde, stand dieses Thema natürlich auf dem Programm der »Tagesthemen«. Noch während die Autorin in Frankfurt an ihrem Beitrag arbeitete, traf in der Redaktion ein Fax ein. Es war eine Beschwerde über den, wie der Marketingleiter des Human-Capital-Clubs e. V. zu wissen glaubte, geplanten negativen Beitrag über das »Humankapital«. Deshalb schickte er eine Presseerklärung. Es war eine ellenlange Verteidigungsschrift für das kritisierte, in seinen Augen »geschmähte« Wort. Hier sei nur ein symptomatischer Satz daraus zitiert:

»Der Mitarbeiter ist menschliches Kapital, das einen genauso hohen – wenn nicht höheren – Wert besitzt wie das Finanzkapital. Um ihn auch für Top-Entscheider und Controller in Unternehmen zu beziffern, ist es erforderlich, diesen Wert mit Kennzahlen zu belegen. Für Top-Entscheider gilt: Was Kapital besitzt, ist mehr wert.«

Wenn die Jury noch Zweifel wegen ihrer Entscheidung gehabt haben sollte, dann hätte dieser Text sie schließlich davon überzeugt, dass sie mit ihrer Wahl so ganz schief nicht liegen konnte.

Es ist eben nicht völlig falsch, wenn Germanisten den Begriff »Humankapital« mit der Begründung als Unwort bezeichnen, er degradiere nicht nur Arbeitskräfte in Betrieben, sondern Menschen grundsätzlich zur nur noch ökonomisch interessanten Größe.

Hinter der Juryentscheidung versteckt sich eben mehr als nur Kritik an einem Wort. Sie drückt vielmehr ein gesellschaftliches Unwohlsein darüber aus, dass sich ökonomisches Denken immer mehr in den Vordergrund schiebt und das ethische oder moralische Denken verdrängt.

Dieses gesellschaftliche Unwohlsein scheint sogar noch zu wachsen. Es zeigt sich auch in der Entscheidung für das Unwort des Jahres 2006: »Entlassungsproduktivität«. Das bedeutet die Steigerung der Leistungsfähigkeit eines Unternehmens durch Personalabbau. Auch andere Begriffe aus der Wirtschaft wie »Smartsourcing« und »Qualitätsoffensive« waren in der Endausscheidung.

Die Finanznot in den öffentlichen Kassen sowie das kurz, aber heftig lodernde Feuer der New Economy haben in den vergangenen sechs, sieben Jahren erheblich dazu beigetragen, dass neben denen, die sich direkt mit der Ökonomie befassen, auch die Bürger und Politiker immer intensiver fragen, welche Auswirkungen ihre Entscheidungen auf das »Humankapital« haben.

Das ging so weit, dass Bundesfinanzminister Hans Eichel und Bundeskanzler Gerhard Schröder vorschlugen, den Staatsfeiertag abzuschaffen. Am 3. Oktober sollte das Volk arbeiten, weil ein Tag mehr Arbeit die Produktivität um 0,01 Prozent fördern würde. Sie hatten nicht bedacht, dass dieses Ergebnis auch erreicht werden könnte, wenn, über das ganze Jahr verteilt, acht Stunden mehr gearbeitet wird, also zwei Minuten pro Tag.

Schon rein ökonomisch betrachtet ein ziemlich unsinniger Vorschlag, der dafür aber von bezeichnender Symbolkraft ist. Denn was hätten die beiden wohl unbedachten Regierungsmitglieder auf dem Altar der Durchökonomisierung aller Lebensbereiche geopfert?

Hinter dem 3. Oktober steckt kein ökonomischer, kein religiöser, sondern ein für die Gesellschaft wichtiger politischer Gedanke. Denn für jedes Land ist der Staatsfeiertag ein nationales Symbol.

Jede Nation verfügt über drei derartige repräsentative Symbole: die Fahne, die Hymne und den Staatsfeiertag. Der Sinn dieser Symbole ist es, eine gemeinsame Identität zu bezeugen und zu ihrer Bildung und Verfestigung beizutragen. Außerdem soll der Feiertag den Zusammenhalt der Gesellschaft fördern. Menschen sollen ihn zusammen begehen, mit Eltern, Verwandten oder Freunden.

Die Pflege des Gemeinschaftsgedankens ist auch ethisch gesehen wichtig. Die Masse der Bürger sollte sich als Gemeinschaft empfinden. Denn nur wenn Individuen sich bewusst zu einer Gemeinschaft zusammenschließen, werden sie auch Regeln für das gemeinsame Leben und Handeln aufstellen und diese befolgen.

Gäbe es nur Individuen, die ausschließlich ihrem Einzelinteresse, dem Individualismus, frönten, würde sich jeder seine Werte und Regeln selber machen.

Ein solches Denken aber schadet jeder Gesellschaft.

Die Auseinandersetzung um den Erhalt des 3. Oktober war glücklicherweise rasch beendet. Bundespräsident Horst Köhler machte dem Bundeskanzler unmissverständlich klar, welche Gefahr in der Abschaffung des Staatsfeiertags stecke.

Damit war der ökonomische Angriff auf das nationale Symbol erledigt.

Es ist bezeichnend für die Macht des allumfassenden ökonomischen Denkens, dass ein Regierungschef sich von seinem Finanzminister dazu anstiften ließ, ein nationales Gut zugunsten einer völlig irrelevanten Produktionssteigerung zu opfern.

Als für den ersten Adventssonntag 2005 die Ladenschlusszeiten aufgehoben wurden, damit der Konsum angekurbelt werde, protestierten die Oberhäupter der Kirchen und ließen am Vorabend des ersten Advents das »Große Stadtgeläut« ausfallen. Der hessen-nassauische Kirchenpräsident Peter Steinacker protestierte ausdrücklich gegen die »totale Ökonomisierung auch der Sonntage«. Er erklärte, die Christen erhöben ihre Stimme nicht aus Eigeninteresse, sondern zum Guten der Gesellschaft. Die Menschen bräuchten Zeit, um die Feste ihres Lebens wirklich feiern zu können. Doch die verantwortlichen Politiker änderten ihre Entscheidung nicht.

Dahinter steckt zum einen die Angst der Regierenden, nicht genug für die Wirtschaft zu tun. Zum anderen aber erhoffen die Amtsinhaber durch den erhöhten Konsum erhöhte Steuereinnahmen. Und weil die Gemeinden, unter anderem durch falsche steuerpolitische Entscheidungen der Bundesregierung, in finanzielle Nöte geraten sind, treffen auch ihre Vertreter Entscheidungen, die zwar ökonomisch positiv wirken, aber dem Zusammenhalt der Gemeinschaft schaden.

So wurde in einigen Gegenden beschlossen, die Müllgebühren sollten je nach Menge für den einzelnen Verbraucher berechnet werden. Dahinter mag auch die Idee gesteckt haben, Müll zu verhindern. Junge Familien mit einem Baby haben aber besonders viele dreckige Windeln, und da junge Familien mit Kindern meist noch nicht so viel verdienen, kommt dann schon einmal ein Vater auf die Idee, die gebrauchten Windeln ein paar Straßen weiter wegzuwerfen. Weil sich aber die Bürger vor wilden Entsorgern und – ihrer Ansicht nach – unberechtigt erhobenen Müllgebühren schützen wollen, schließen sie ihre Mülleimer ab. Es geht nur noch darum, wer wie viel zahlt. Durch diese Entscheidung hat die Gemeindeverwaltung die Solidarität der Gemeinschaft gestört und einen individuellen Kampf der Einzelnen untereinander angefacht.

Politiker sollten über das Ökonomische hinaus immer das Gesamte der Gesellschaft im Auge behalten. Da »Sparen« aber zur ersten Handelsregel von Wirtschaft und Politik geworden ist, hat sich das ökonomische Denken derart verselbstständigt und alle Lebensbereiche durchdrungen, als sei es ein kategorischer Imperativ: Handle so, dass bei allem, was du tust, die wirtschaftlichen Konsequenzen deines Tuns dasselbe bestimmen.

Es ist die hohe Kunst von Karikaturisten, gesellschaftliche Missstände in wenigen Worten oder Szenen aufzuspießen und durch die ironische Darstellung den Betrachter auch noch zum Lachen zu bringen. So stellte Jan Tomaschoff im Januar 2006 für *Die Welt* ein junges Pärchen dar, das vor einem Beamten sitzt.

Der Mann sagt: »Meine Freundin ist wohl seit gestern Abend schwanger. Was können wir absetzen?«

Damit will er die Allmacht des Ökonomischen ausdrücken: Auch die Beziehungen der Geschlechter und Familienmitglieder untereinander werden nur noch in Geld gemessen.

Denn dies ist die Kehrseite der Durchökonomisierung. In unserem »Wohlfahrtsstaat« ist das Gefühl längst zur Forderung geworden, dass »die anderen« (= die Gesellschaft) für mein Wohl und Wehe einzustehen und aufzukommen haben, egal, wie ich mich gegenüber der Gesellschaft verhalte.

Auf der vorletzten Seite der *International Herald Tribune* werden jeden Tag Comicstrips abgedruckt, darunter befindet sich auch der mit Calvin und Hobbes. Calvin ist ein Erstklässler, der einen Spieltiger namens Hobbes besitzt. In einer Szene von vier Bildern wird gezeigt, wie sehr die totale Ökonomisierung inzwischen das Denken der Kinder erreicht hat.

1. Bild: Calvin geht auf seine Lehrerin zu, streckt ihr ein Blatt Papier entgegen und sagt: »Miss Wormwood, ich möchte, dass Sie diesen Vertrag unterzeichnen.«
2. Bild: Der Erstklässler erklärt: »Es ist eine Vereinbarung, wonach Sie mir einen Ausgleich für jeden Verdienstausfall zahlen, den ich als Erwachsener wegen schlechter Volksschulerziehung erleiden könnte.«
3. Bild: Die Lehrerin beugt sich vor, weist mit dem Zeigefinger auf Calvin: »Wenn du nichts lernst, liegt es an deiner Faulheit, nicht an mir. Geh zurück auf deinen Platz!«
4. Bild: Der zornige Knabe sitzt auf seinem Stuhl, starrt auf sein Pult und grollt: »Irgendjemand muss doch zahlen, wenn ich nichts lerne.«

Calvin denkt ökonomisch, glaubt völlig im Recht zu sein, weil er ja nur seine Umwelt imitiert. Irgendjemand muss doch zahlen. Die Lehrerin verkörpert die Gesellschaft, und nach Auffassung des Schülers muss die Gesellschaft für seine Faulheit und sein auch daraus resultierendes Zukunftsrisiko eintreten. Nicht er ist für sich verantwortlich, und er sieht erst recht nicht ein, dass er irgendwann sogar Verantwortung innerhalb der Gesellschaft übernehmen muss. So verweigert sich der Erstklässler der Gesellschaft und nimmt die als anonym empfundene Allgemeinheit für seine individuellen Bedürfnisse in Anspruch.

Da steht Calvin nicht allein da.

Wohin das führen kann, zeigt eine kleine, aber charakteristische Meldung: »In Deutschland haben 63 731 Studenten und Schüler zu Unrecht staatliche Ausbildungsförderung (Bafög) kassiert. Weil sie in ihren Bafög-Anträgen eigenes Vermögen verschwiegen haben, müssen die Betroffenen insgesamt 251,7 Millionen Euro zurückzahlen.«

Jeder Einzelne von ihnen ist ein Betrüger. Und so sollten sie auch öffentlich genannt werden dürfen. Denn zur gesetzlichen Strafe gehört auch hier eine Variante aus dem Wirkungsbereich Moral: Die Gemeinschaft zeigt denen, die gegen die Regeln verstoßen, ihr Missbehagen. Eine Viertel Milliarde Euro ist schließlich so viel wie der Jahreshaushalt einer mittleren Gemeinde.

Auch wenn der Schaden beträchtlich ist, der

durch derartige Betrügereien Tag für Tag entsteht, gemessen an dem jährlichen Steuerbetrug ist die Summe »Peanuts«. Wie hieß es so schön ironisch auf einem Bauzaun: Die kleinen Leute zahlen Steuern, die Großen schreiben ab. In der Schule war das verboten.

Klartext: Jeder Einzelne, der so handelt, ob Bafög oder Steuer, ist ein Betrüger, zumindest ein Gauner, an dessen Vorbild sich der kleine Calvin orientiert. Irgendjemand muss doch zahlen. Und irgendjemand zahlt auch immer.

Tatsächlich dreht sich alles ums Geld. Als höchster Wert wird in allen täglichen Debatten – nicht nur der Politik – das Ökonomische hochgehalten. Gewinnt ein Tennisspieler in Wimbledon, dann gehört es dazu, gleich im zweiten Satz mitzuteilen, wie viel Geld er für den Sieg bekommt. Gewiss, die Siegprämie fällt hoch aus. Aber deshalb bricht ein Wimbledon-Sieger nicht in Tränen aus, sondern weil ihm bewusst wird, etwas Einzigartiges, mit Geld nicht Aufzuwiegendes, aus eigener Kraft erreicht zu haben. Solch einen Sieg kann man sich selbst für 20 Millionen Euro nicht kaufen wie einen Wochenendausflug mit der »Sojus« ins Weltall.

Die Regeln stimmen nicht mehr, und jeder macht bei dem Spiel, sie zu verletzen, mit. Ein Viertel der Deutschen hat nach einer Umfrage der Gesellschaft für Konsumforschung schon einmal eine Versicherung betrogen. Der Gesamtverband der Deutschen Versicherungswirtschaft sieht darin ein Massenphänomen. Zwar liegen rund 90 Prozent der ergaunerten Beträge unter 500 Euro, aber mit steigendem Betrugsvolumen sinken die Bedenken: Bei Summen ab 5000 Euro findet ein Viertel der vom Hamburger GEWIS Institut Befragten es »nicht so schlimm«, wenn eine Versicherung betrogen wird. Auch der Betrug von Krankenkassen mit gefälschten Arztrechnungen aus dem Urlaub nimmt zu. Und jeder kennt die lange Liste, die nicht erst mit bestechlichen Schiedsrichtern oder Schleichwerbung beginnt und auch nicht bei Steuerhinterziehung und Zahlungen an Politiker endet.

Die Bevölkerung scheint sich mit dem Regelbruch zu arrangieren. Hauptsache, die Kohle stimmt. Zwar verbinden 55 Prozent der Bevölkerung Manager mit Gier, 65 Prozent halten es sogar für berechtigt, sie generell der Selbstbedienungsmentalität zu bezichtigen. Aber nehmen die Bürger den Managern ihre Regelverstöße übel? Offensichtlich nicht, denn die Gesellschaft hält charakterliche Integrität für deutlich weniger wichtig als Kompetenz, Machtbewusstsein und Durchsetzungskraft. Das heißt in letzter Konsequenz: Wer ökonomischen Erfolg verspricht, dem wird gestattet, gegen ethische Regeln zu verstoßen. Man ist nur neidisch, dass man nicht selbst auf gleich hohem Niveau zum eigenen Vorteil gegen die Spielregeln verstoßen kann.

Wer so denkt, darf sich nicht wundern, wenn die Regeln der Gesellschaft auch auf allen anderen Gebieten gebrochen werden.

Dieses rein ökonomische Denken ist tief im Unterbewusstsein vieler verankert. Ein friedliches Gemeinschaftsleben hängt jedoch davon ab, in welchem Maße es der Gesellschaft gelingt, die ihr wichtigen ethischen Regeln schon in der Erziehung festzulegen und durchzusetzen. Charakter und Verhaltensweisen von Kindern werden zunächst durch die Eltern geprägt, dann durch die Lehrer und Vorbilder aus Kultur und Sport und später – und da wird es am schwierigsten – durch die Gruppe der Gleichaltrigen. Eine wichtige Rolle dabei spielt die gesellschaftliche Anerkennung dessen, der »richtig« handelt.

Das scheint die Mehrheit der Bürger zu vergessen.

Konstant sprechen sich 60 Prozent der Bevölkerung dagegen aus, persönliches Verhalten und den Charakter von Schülern im Zeugnis bewerten zu lassen. Es reiche doch, die fachlichen Leistungen, die über den späteren ökonomischen Erfolg des Schülers entscheiden, zu beurteilen.

Ob soziale und ethische Regeln, Werte und Tugenden in einer Gesellschaft verankert sind und Wirkung zeigen, hängt zum großen Teil auch davon ab, ob die Maßstäbe den Kindern von Anfang an vermittelt werden. Und dazu gehören die so gern belächelten und als altertümlich abgetanen »bürgerlichen« Tugenden.

Die Kluft zwischen Anspruch und Wirklichkeit

Immer häufiger spüren junge Menschen, dass »Millionär in sieben Jahren« oder der »angesagte Lifestyle« nur leere Hülsen gewesen sind. Gesellschaftsforscher haben herausgefunden, dass Jugendliche wieder nach Sinn suchen, dass Begriffe wie Familie, Freundschaft, Geborgenheit und soziale Verantwortung wieder an Bedeutung gewinnen. »Diese Jugendlichen sind Trendpioniere für ein neues Lebensgefühl«, schreibt der Hamburger Gesellschaftsforscher Horst W. Opaschowski in der letzten Shell-Jugendstudie. Und macht als Zeitpunkt des Wandels den 11. September 2001 aus, den Tag der Terroranschläge auf die Türme des World Trade Center in New York. Das von vielen am Fernsehen direkt miterlebte Grauen hat auch die Jungen erschüttert. »Da war es mit der Spaßgesellschaft endgültig vorbei«, so Opaschowski. Zwischen den Ergebnissen der Studien von 2000 und 2002 »liegen Welten«. Auf die Frage, ob Sport, Hobbys und Urlaub wichtiger seien als Familie, antworteten vor den Terroranschlägen 54 Prozent der 14- bis 34-Jährigen mit »Ja«. Der Wert war von 1980 an ständig angestiegen.

Nach den Anschlägen aber ist er wieder gesunken und liegt nun bei nur noch 46 Prozent.

In der Zeit des exzessiven Individualismus erschienen tatsächlich auch Bücher zum Thema, wie jenes mit dem Titel *Tugend der Orientierungslosigkeit.* In dem wird jedem Individuum empfohlen, sich seine eigene Existenz nach eigener Laune zurechtzubasteln, sich einen eigenen Wertecocktail zu mixen und seine Vorlieben und die Gestaltung seiner Persönlichkeit der jeweiligen momentanen Situation anzupassen. Befolgen junge Menschen diese Regeln, können sie nur halt- und orientierungslos durch die Welt taumeln.

Im Ausland fallen selbst gebildete, bürgerlich erzogene Deutsche oft als ungehobelt und überheblich auf. Als ich in New York arbeitete und von deutschen Kollegen besucht wurde, erlebte ich häufig mir peinliche Situationen. Allein auf vollen Straßen, wo Amerikaner sich geschickt ausweichen, dem Entgegenkommenden immer ein Schlupfloch frei machen und sich so in der Masse arrangieren, gehen Deutsche rüpelhaft und bräsig ihren Weg. Der andere muss weichen, das ist doch klar.

Überhaupt legt man in Amerika großen Wert auf Umgangsformen. Das hängt sicher auch damit zusammen, dass Manieren den vielen Zuwanderern aus den verschiedensten Ländern der Welt die Integration leichter machen. Wenn sie sich den Regeln entsprechend verhalten, ist ihnen ein erster Schritt zur Aufnahme in die Gesellschaft schon gelungen.

Fragt man in Deutschland nach dem Ort, an dem noch eine intakte Gesellschaft existiert, die den »guten Ton« und »Stil« vorgibt, dann werden viele sich einig sein und auf die Hansestädte verweisen. Einen echten Hanseaten erkennt man auch heute noch an seiner Kleidung, seiner Frisur und seinem Auftreten. Und die Jungen wirken häufig schon so erwachsen wie die Alten. Hier segelt man, hier spielt man Hockey. Und auch den wohl vornehmsten Sportclub von Hamburg, wo seit Jahrzehnten das German Masters im Tennis ausgetragen wird, haben Anfang des letzten Jahrhunderts Hockeyspieler gegründet. Obwohl er einige Schritte vom Wasser entfernt liegt, nennt er sich »Der Club an der Alster« (kurz: DCadA). Und dieser Club, der sehr darauf achtet, wen er als Mitglied aufnimmt, verschickt regelmäßig seine Clubnachrichten. Kürzlich konnte man einem Beitrag entnehmen, dass auch hier die Welt nicht mehr vollkommen in Ordnung ist.

NEUES AUS UNSERER SERIE
»Vergessenes und fast Vergessenes im DCadA«
Thema heute:
Guten Tag (deutsch)
Redewendung:
so begrüßt man sich u. a. in deutschsprachigen Ländern. Diese Begrüßung ist in Deutschland sehr verbreitet und wird daher häufig genutzt.
Silbentrennung:

gu-ten Tag
Aussprache:
('gutn 'ta:k)
Bedeutung:
der Tagesgruß
Herkunft:
Aus den Wörtern guten und Tag (Akkusativ)
Synonyme:
Tag, Tach, Tagchen, grüß dich, hallo, hi
Gegenworte:
Guten Morgen, Guten Abend, Gute Nacht, Auf Wiedersehen
Beispiel:
Er sagte nur »guten Tag« und »auf Wiedersehen«
Charakteristische Wortkombinationen:
allerseits, zusammen
Dialektausdrücke:
grüß Gott, moin, gruezi

Die Clubmitglieder haben es mit Humor genommen. Manch einem ist nur aufgefallen, dass eine ähnliche Erinnerung schon einige Jahre zuvor in den Clubnachrichten veröffentlicht worden war. Da wurde über eine Person berichtet, die nicht Mitglied war, sich aber verbotenerweise auf dem Clubgelände befand. Sie war als Fremde aufgefallen, weil sie jedem fröhlich einen »guten Tag« gewünscht hatte.

Das Selbstverständliche erklärt der Hochmütige gern als banal. Aber so banal ist der Hinweis auf die eigentlich selbstverständliche Höflichkeit nicht. Selbst Wirtschaftsunternehmen begreifen langsam wieder, dass höfliche Umgangsformen im Alltag nicht mehr selbstverständlich und deshalb im Wettbewerb um Kunden gut zu vermarkten sind. Die Hamburger Taxi-Genossenschaft Hansa-Funk zum Beispiel setzt auf besondere Höflichkeit gegenüber ihren Kunden. Kommt eine Klage über rüpelhaftes Verhalten eines Fahrers oder über eine verschmutzte Droschke im Einsatz, dann wird der betreffende Taxichauffeur vorgeladen. Beim ersten Mal muss er eine Strafe zahlen, gleich 100 Euro. Drei Beschwerden können zum Ausschluss aus der Genossenschaft führen. Und das schmerzt den Genossen, denn Hansa-Funk-Fahrer machen, weil sie für Höflichkeit bekannt sind, einen deutlich höheren Tagesumsatz als andere.

Manche Menschen aber scheinen Höflichkeit sogar für Schwäche zu halten. So könnte es auch bei den Mitgliedern des vornehmen Hamburger Sportclubs sein: Wahrscheinlich will keiner der erfolg- und reichen Handelsherren, Bankiers und Rechtsanwälte dem andern gegenüber Schwäche zeigen, indem er zuerst zum Gruß ansetzt. Dann lieber gar nicht grüßen.

In anderen Berufsbereichen zeigen sich solche Schwächen inzwischen deutlich. Seit Jahrhunderten verstanden sich die Deutschen als Handwerker, Industriearbeiter, Kaufleute, also als jemand, der etwas herstellt – und verkauft. Nun aber wandelt sich die Industriegesellschaft international zu einer Dienstleistungsgesellschaft. Schlecht für uns Deutsche, denn wir »dienen« nicht gerne. Wir empfinden uns in einer schwächeren Position dem gegenüber, den wir bedienen. Deshalb werden Gäste in deutschen Gaststätten und Restaurants meist von Kellnerinnen oder Kellnern ausländischer Herkunft bewirtet. Franzosen hingegen sind stolz auf den Beruf des Kellners, dort finden Ausländer selten einen Job in dieser Sparte.

Auch im Vergleich zu England gibt es große Unterschiede. Schon im 19. Jahrhundert bestand eine Kluft zwischen den auf Umgangsformen bedachten Briten und den eher groben Deutschen. Als Theodor Fontane 1852 als Korrespondent nach London zog, fiel ihm das sofort auf: »England und Deutschland verhalten sich zueinander wie Form und Inhalt, wie Schein und Sein ... Der Deutsche lebt um zu leben, der Engländer lebt, um zu repräsentieren. Der Deutsche lebt um seinetwegen, der Engländer um der anderen willen.«

»Der Engländer lebt um der anderen willen« heißt nichts anderes als: Er nimmt Rücksicht auf den anderen, weil er ihn wahrnimmt und respektiert.

»Der Deutsche lebt um seinetwegen« dagegen bedeutet: Im Vordergrund stehen das Ich und dessen Gemüt. Und dieses deutsche Ich weigert sich, auf andere Rücksicht zu nehmen; das gilt als nicht authentisch.

»Bei vielen Zeitgenossen scheint nach tiefer Menschenliebe, und zwar vor allem zu den ganz fernen Völkern«, so schreibt die Essayistin Cora Stephan, »lange gar nichts und dann die weite Wüste zu kommen: Die Formeln für den alltäglichen Verkehr gelten als unwesentlich, ›bloß formal‹, lästig. Ehrlicherweise treten wir einander gegenüber, wie wir sind: viel Gefühl, kein Benehmen. Wir sind wahrscheinlich das flegelhafteste Land weit und breit – aber das authentisch & identisch.«

Bloß keine Schwäche zeigen, dieses Motto mag einer der Gründe gewesen sein, weshalb die Jugendlichen zu Zeiten der deutschen Kulturrevolte, die man mit der Jahreszahl 1968 verbindet, auch das Verhalten, das so gern mit »Knigge«-konform bezeichnet wird, verächtlich machten und in den Bereich des abzulehnenden Autoritären verbannten. Die Fragestellung lautete: »Ist Demokratie mit guten Manieren vereinbar?« (Sybil Gräfin Schönfeldt) Und die Antwort, die heute noch gegeben wird, heißt: Nein, die bürgerlichen Tugenden widersprechen dem vermeintlichen Freiheitsgedanken, der Idee, sich selbst zu verwirklichen.

Wer höflich ist, lügt nämlich.

So verstandene »Ehrlichkeit« ist besser angesehen als taktvolles Benehmen, und wer Kompromisse macht, wird als nicht prinzipienfest abgelehnt. Die deutsche Gemütskultur wird geprägt von der Überzeugung, innere Standfestigkeit sei wichtiger als die Welt des Äußerlichen, wie sie in der englischen oder französischen Zivilisation Ausdruck findet. Ich als Individuum bin wichtiger als ihr, die Gemeinschaft.

In der Kulturrevolution von 1968 steckte die Hoffnung auf einen »neuen« Menschen und eine »neue«, »menschlichere« Gesellschaft. Aber die politische Utopie war nur theoretisch. Und sie lag so weit entfernt von der Verwirklichung, dass niemand sich daranmachte, ein Regelwerk für das Zusammenleben auch nur zu diskutieren. Rücksichtnahme und Respekt galten als weichlich. Aber viele meinten, es reiche aus, das autoritär wirkende »Sie« durch das gleichmachende »Du« zu ersetzen.

Daraus entwickelte sich eine eigene Kultur des Umgangs miteinander. Aus dem lässigen »Hi« der Amerikaner wurde das unverbindliche »Hallo« anstelle von »Guten Tag« oder »Grüß Gott«. Nicht nur in Deutschland, auch in dem eher formellen Frankreich setzt sich durch, was in angelsächsischen Ländern sprachlich leichter zu handhaben ist (*you* gilt für »Sie« und »du«): das »Du«. In der Generation der nach 1970 Geborenen wird auch im Berufsleben das Siezen immer seltener, wogegen wohl auch niemand etwas einwenden wird.

Die Leichtigkeit des Umgangs ersetzt jedoch nicht die Notwendigkeit, gewisse Formen zu wahren. Formen sind Regeln, deren Sinn darin besteht, das Zusammenleben angenehmer zu gestalten. Dabei steht es selbstverständlich jeder Generation frei, sich ihre Regeln neu zu gestalten.

Der französische Philosoph und Soziologe Émile Durkheim hat Erziehung, Moral und Gesellschaft miteinander in Verbindung gebracht. Er hält das neugeborene Kind für ein egoistisches und asoziales Wesen, das so rasch wie möglich mit einem anderen zusammengebracht werden muss, damit es fähig werde, ein moralisches und soziales Leben zu führen. Wohl gemerkt, Durkheim hat das Soziale mit dem Moralischen verbunden. »Der Mensch wird in der Tat zum Menschen einzig, weil er in Gesellschaft lebt.« Und da die neugeborenen Bürger, im Sinn des französischen »citoyen« – des Staatsbürgers –, zunächst unsozial in die Gemeinschaft hineinwachsen, haben sie auch keine Vorstellung vom Moralischen. »Die Gesellschaft steht also mit jeder neuen Generation vor einem fast unbeschriebenen Blatt«, so Durkheim, »auf dem mit neuen Kosten entworfen werden muss.«

Es scheint, als wäre die Zeit dazu gekommen, sich dessen wieder einmal bewusst zu werden und sich die Mühe zu machen, das »fast unbeschriebene Blatt« mit Formeln zu füllen, die das Leben in der Gesellschaft regeln, um es erträglicher zu gestalten.

Alt ist nicht altmodisch

»Das Einmaleins beherrschen sie nicht, und benehmen können sie sich auch nicht!« Mit diesem Zitat des Personalreferenten eines Großunternehmens über Bewerber für einen Ausbildungsplatz beginnt die Hamburger Studienrätin Karin Brose ein Plädoyer für das Erlernen von Umgangsformen. Karin Brose lehrt seit 30 Jahren an Haupt- und Realschulen in der Hansestadt. Neben den häufig schlampigen Bewerbungsunterlagen und fehlenden Kenntnissen in Rechtschreibung oder Mathematik, so die Beobachtungen der Lehrerin, sind jungen Leuten Begriffe wie Fleiß, Zuverlässigkeit, Ehrgeiz und Höflichkeit kaum noch bekannt. Kaugummi kauend erscheinen sie in zerschlissenen Jeans und T-Shirt zum Vorstellungsgespräch, ein Mädchen sogar in Badelatschen mit bauchfreiem Shirt und kürzestem Minirock. Fortschrittlich denkende Schulen geben inzwischen Unterricht in Kleiderordnung, Verhalten und Tischsitten, weil die Eltern es offensichtlich nicht mehr können.

Ausbildung, die Mühe macht und eventuell auch Freizeit kostet, ist wenig begehrt. Auch dafür hat Lehrerin Brose eine einleuchtende Erklärung: »Heute zeigen die Medien täglich, wie man als Nobody – ohne besonders Wissen oder Können – zum Superstar werden kann. Besonders das Fernsehen gaukelt den Jugendlichen eine Welt vor, in der Luxus ›normal‹ ist und so etwas wie Alltag gar nicht vorkommt.« Die jungen Zuschauer nehmen am Leben dieser »Stars« durch die begleitenden Pressekampagnen teil und können den Bezug zur Wirklichkeit nur schwer entwickeln. Das führt aber dazu, dass auch der Unterricht für manche lediglich ein zusätzlicher Teil des Medienpunsches ist, den sie täglich erleben. »Lehrer«, so Karin Brose, »kommen in manchen Köpfen nicht mehr an.«

Wobei Jugendliche, die so aufwachsen, sich fragen werden, weshalb sie sich im Arbeitsleben Mühe geben sollen, wenn hinterher nicht das Luxusleben herauskommt, das ihnen die Glotze zu verheißen schien. So empfand es ein Schüler als unverschämt, als er während eines Betriebspraktikums als Koch in einem Vier-Sterne-Hotel Kartoffeln schälen sollte. Und ein Mädchen, das sich nach dem Abitur zum freiwilligen sozialen Jahr in einem Krankenhaus angemeldet hatte, beklagte sich, dass sie zu den niedrigsten Arbeiten eingeteilt werde. Sie meinte, als Abiturientin sei sie etwas Besseres, das könnten doch die fest angestellten Krankenschwestern tun. Beiden würde es helfen, wenn sie schon einmal den Tugenden Bescheidenheit und Demut begegnet wären.

Tugenden! Demut! Bescheidenheit! Für viele schreckliche Worte. Und doch verbirgt sich hinter diesen Begriffen ein zeitgemäßer Inhalt. Der Mensch muss früh lernen, mit Niederlagen umgehen zu können, schreibt die Pädagogin Karin Brose, »dazu gehört, dass man Kinder nicht nur lobt, sondern auch mal ganz klar und realistisch sagt: ›Ist nicht.‹ Nur dann kriegen Kinder auch das nötige Maß an Bescheidenheit mit und lernen, dass sie nicht die Größten sind, sich nicht alles herausnehmen dürfen.«

Es ist sicher notwendig, die Debatte um die »großen« Werte in der Gesellschaft bei diesen vermeintlichen Lässlichkeiten des täglichen Lebens zu beginnen. Wer die bürgerlichen Tugenden nicht wahrt, der sieht erst recht keinen Sinn in ethischem Verhalten. Denn nur wer freundlich mit seinen Mitmenschen umgehen will, wird auch immer den Frieden als Wert hochhalten. Deshalb muss es meines Erachtens um beides gehen, um die bürgerlichen Tugenden und die ethischen Werte.

Zu Beginn des Jahres 2006 rief Matthias Platzeck, Ministerpräsident Brandenburgs und frisch gewählter Vorsitzender der Sozialdemokratischen Partei Deutschlands, zur Rückbesinnung auf »positive preußische Tugenden« in Politik und Gesellschaft auf: »Auch wenn es für manchen altmodisch klingt: Bewährte Grundeigenschaften wie Anständigkeit, Verlässlichkeit und Pflichterfüllung sollten in Deutschland wieder mehr Einzug halten.«

Eine in großen Teilen der Bevölkerung verschwundene Grundzuversicht könne nur neu entstehen, wenn auch solche Werte insgesamt stärker respektiert würden. »Es sollte auch wieder eine gute Tugend werden, dass Politiker anständiger und fairer miteinander umgehen.«

Die öffentliche Wahrnehmung dieser Rede war bedauerlicherweise zwiespältig. Die Medien beklagen zwar häufig den Verlust der Werte, so zum Beispiel, wenn ein Politiker nach seinem Ausscheiden aus der Politik einen Vertrag mit einem Wirtschaftsunternehmen abschließt; fordert aber ein Politiker, wie hier Matthias Platzeck, die Besinnung auf alte Tugenden, dann wird von wenigen darüber nachgedacht, welche positiven Auswirkungen dies auf die Gesellschaft haben könnte. Kaum jemand überlegt, was mit »positiven preußischen Tugenden« gemeint sein könnte und wie sie in einer Gemeinschaft wirken.

»Fleiß, Ehrlichkeit, Wahrhaftigkeit. Solche Begriffe hatten die Nazis auf Dächer und Wände ihrer KZs gepinselt. Wer seither für das Gelingen eines Gemeinwesens auf ›Sekundärtugenden‹ abhebt, muss sich dem Problem ihrer Pervertierbarkeit stellen«, so kommentierte der *Kölner Stadt-Anzeiger* Platzecks Vorstoß. Warum bloß? Weil er, dumm populistisch, wegen seines Nazi-Vergleichs allgemeine Zustimmung erwartete? Das Argument ist etwa so einleuchtend wie dass man keine Kinder und Hunde streicheln dürfe, da diese Geste von Nazi-Größen als Teil ihrer Selbstdarstellung in der Öffentlichkeit pervertiert worden ist.

Dieser Kommentator verfehlt nicht nur die Debatte auf grausame Weise, er missbraucht auch den Nazi-Vergleich und macht ihn damit als Waffe stumpf für Fälle, in denen er notwendig und angebracht ist. Deshalb muss man ihn dumm nennen dürfen, denn er benutzt nichts anderes als ein Totschlagargument, das Denkverbote installieren will. Das darf nicht sein. Deshalb gilt es, Klartext zu reden.

Wahrscheinlich hätte dieser sich als Intellektueller aufspielende Kommentator des *Kölner Stadt-Anzeigers* einen Praktikanten nicht lange in seiner Redaktion geduldet, wenn dieser die Aufforderung, fleißig und ordentlich zu sein oder gar ehrlich und wahrhaftig, als »faschistische Sekundärtugenden« weit von sich gewiesen hätte.

Im selben Kölner Verlag erscheint auch das Boulevardblatt *Express.* Der dort kommentierende Journalist scheint sich näher an der Wirklichkeit befunden zu haben: »Was Platzeck preußische Tugenden nennt, sind eigentlich Selbstverständlichkeiten. Sie sollten elementarer Bestandteil jeder Erziehung sein und ein Leben lang beherzigt werden – ebenso wie Toleranz und der Respekt vor der Würde des Menschen. Es sind alte, aber keineswegs altmodische Werte. Ohne sie ist jede Gemeinschaft – ob kleine wie die Ehe oder große wie ein Staat – ohne jede Substanz und Perspektive.«

Der Kernsatz lautet: »Es sind alte, aber keineswegs altmodische Werte.« Genau diesen Unterschied zwischen *alt* und *altmodisch* sehen jedoch leider viel zu wenige. Die Begriffe »Freiheit« und »Gerechtigkeit« sind zwar viele Jahrtausende *alt*, aber immer noch nicht *altmodisch*.

Auch wenn Matthias Platzeck mit seiner Forderung nach Besinnung auf die alten Tugenden ökonomische Vorteile im Blick hatte und in erster Linie an Wachstumsraten, niedrige Arbeitslosigkeit, wirtschaftliche Dynamik und sozialen Zusammenhalt dachte, ist es nur ein kleiner Schritt, diese Tugenden für jegliche Sphäre menschlichen Zusammenlebens einzufordern – jenseits der Ökonomie –, für zu Hause, die Schule, die Straße, die U-Bahn oder die Kinokasse.

Denn ein erwachsener Staatsbürger ist nicht nur ein »Homo oeconomicus«, sondern eine soziale Person, die glücklich und zufrieden in und mit der Gesellschaft leben will.

Für das Zusammenleben aber sind die kleinen bürgerlichen Tugenden nötig, die so fürchterlich malträtiert werden, wenn man die eine oder andere von ihnen »positiv preußisch« nennt. Philosophen haben sich ihrer weniger angenommen als Humanisten, die über Weisheit und Menschenkenntnis verfügten, wie jener in Deutschland immer noch gegenwärtige Adolph Freiherr von Knigge. Entgegen landläufiger Meinung hat der kein Etikettebuch – wie esse ich richtig mit Messer und Gabel – geschrieben, sondern seine Gedanken über den Umgang mit Menschen formuliert. Zu seinen Lebzeiten im 18. Jahrhundert besaß jeder zweite bürgerliche Haushalt den »Knigge«, und auch heute noch ist er ein Synonym für richtiges Benehmen.

Die in Hamburg ansässige Albertinen-Gruppe, eine soziale Einrichtung, hat für ihre Mitarbeiter einen eigenen »Albertinen-Knigge« ausgearbeitet, der an die einfachsten Umgangsregeln erinnern soll. Was dort aufgeführt wird, erinnert an den ironischen Text im Mitteilungsblatt des Clubs an der Alster.

Das Kapitel »Wahrnehmung und Wertschätzung« wird mit dem Satz eingeleitet: »Das zwischenmenschliche Miteinander in der Albertinen-Gruppe ist geprägt von Wertschätzung und Wahrnehmung anderer Menschen.« Und ähnlich wie im Club scheint es auch hier offenbar notwendig zu sein, darauf aufmerksam zu machen, dass sich zu grüßen der »Ausdruck der Wahrnehmung an sich« ist:

»– Wir grüßen jeden: Patienten/Bewohner, Besucher, Mitarbeiter.«
»– Wer grüßt wen zuerst? Wir grüßen einfach! …«

Die Frage der mangelnden Höflichkeit beschäftigt nicht nur die Deutschen. In Frankreich hat vor einigen Jahren der für die staatliche Post zuständige Minister angeregt, alle Postboten sollten, wenn sie in ihrem Bereich die Briefe zustellen, jeden, den sie treffen, mit einem freundlichen »Bonjour« grüßen. Und mit einer anderen netten, einfachen und auch tatsächlich altmodischen Geste hat der französische Staatspräsident Jacques Chirac die Etikette wieder zum öffentlichen Gesprächsthema gemacht.

Der Antrittsbesuch von Angela Merkel als neu gewählte deutsche Bundeskanzlerin stand im Élysée-Palast an. Beim französischen Präsidenten hatten sich sein Außenminister, sein diplomatischer Berater und der französische Botschafter in Berlin eingefunden, um den Besuch vorzubereiten. Eine Stunde vor Eintreffen der Kanzlerin warf Jacques Chirac die Frage in die Runde, ob er Angela Merkel mit einem Handkuss begrüßen solle. Es ging heftig hin und her. Die Mehrheit der hohen Herren riet dem Präsidenten ab und begründete dies mit der Befürchtung, er werde unzeitgemäß wirken, und gerade das würfen ihm seine Gegner schon seit langem vor.

Chirac jedoch hatte den richtigen Instinkt. Als die Kanzlerin im Hof des Élysée-Palastes in Paris aus dem Wagen stieg, trat der französische Staatspräsident auf sie zu, ergriff mit seinen beiden Händen ihre Rechte, zog sie hoch und gab ihr einen Handkuss. Fachleute mögen nun darüber diskutieren, ob er zu weit ging und den Handrücken tatsächlich mit seinen Lippen berührte, was sich nicht ziemt, oder den Kuss nur andeutete. Ganz vornehme Leute würden vielleicht argumentieren, einen Handkuss gebe man nicht im Freien …

Die gesamte politische Presse nicht nur in Frankreich druckte am folgenden Tag das Bild mit dem Handkuss. Und Chirac wurde für sein vorbildliches, galantes Auftreten gelobt. Nun steht er allerdings in der Pflicht, immer, wenn er Angela Merkel trifft, ihr die Hand zu küssen. Das Photo von diesem beiläufigen Ereignis gilt inzwischen weltweit als Symbol für stilvollen Umgang. Noch Monate später diente es der *Süddeutschen Zeitung* zur Illustration eines Artikels, der unter der Überschrift »Bitte recht schicklich!« erschien. Es handelte sich um ein Stück über den Rechtsanwalt Alexander Freiherr von Knigge, einen Verwandten des alten »Knigge«. Der heutige Knigge, der Name verpflichtet offenkundig, hat unter »knigge.de« im Februar 2006 eine Benimmberatung ins Internet gestellt. Zum Handkuss steht da: »Im Geschäftsleben ist es in Deutschland nicht üblich, einer Dame die Hand zu küssen.«

Was schert das einen Franzosen.

Über den Umgang mit Menschen

Der richtige Umgang mit Messer und Gabel als Synonym für elementare Benimmregeln ist dem modernen Menschen in den wohlhabenden Industriestaaten weitgehend geläufig. Und weil diese Regeln die wichtigsten bei der Ausbildung zu einer vornehmen Lady oder einem perfekten Gentleman zu sein scheinen, wird einfacher »Benimm« gleichgesetzt mit jenen allgemeingültigen ethischen Maßstäben, die schon von den alten Griechen als Werte und Tugenden in den Kanon von Sitte und Moral eingeordnet wurden.

Auch bei Knigge, ich habe es bereits erwähnt, geht es nicht um die Frage, ob man Fisch oder Kartoffel mit dem Messer schneiden darf oder ob der Handkuss nur im Hause oder auch auf öffentlichen Plätzen angebracht ist.

Es geht vielmehr um den Umgang der Menschen miteinander, als da sind »Personen von verschiedenem Alter« oder Eltern, Kinder und Blutsverwandte. Aber Knigge gibt auch Ratschläge für Herren und Diener, für Frauenzimmer oder Verliebte mit- und untereinander, kurzum, für »das

Betragen bei verschiedenen Vorfällen im menschlichen Leben«.

Adolph Freiherr von Knigge kam 1752 auf die Welt. Er war der einzige Sohn des Oberhauptmanns, Hofgerichtsrats und Deputierten der Calenbergischen Ritterschaft Philipp Carl Freiherr von Knigge und seiner Frau, einer ebenfalls geborenen von Knigge. Verschiedene Hofmeister erzogen den jungen Herrn, der – jung verwaist – auf Betreiben einer Tante zum Hofjunker und Kammerassessor beim Landgrafen Friedrich in Kassel ernannt wurde. Knigge fristete sein Leben als Schriftsteller und hatte mit politisch-satirischen Texten wie *Josephs von Wurmbrand politisches Glaubensbekenntniß, mit Hinsicht auf die französische Revolution und deren Folgen* oder *Des seligen Herrn Etatsrats Samuel Conrad von Schaafskopf hinterlassene Papiere* einigen Erfolg. Doch überlebt hat nur das Buch *Über den Umgang mit Menschen*, in dem der Adelige das breite Publikum sozial richtiges Verhalten in einer bürgerlich geprägten Gesellschaft lehren wollte.

Für den Adel war sein Leitfaden nicht gedacht, denn »Leuten von gewissem Stande und einer nicht ganz gemeinen Erziehung ist das in der ersten Jugend schon eingeprägt worden«. Knigge hat Vorschriften dafür formuliert, »wie der Mensch sich zu verhalten hat, um in dieser Welt und in Gesellschaft mit anderen glücklich und vergnügt zu leben und seine Nebenmenschen glücklich und froh zu machen«.

Des freien Herrn von Knigges Buch ist eines über die Sitten, aber doch nicht über die Sittlichkeit, also nicht über das, was als Moral, Werte und Tugenden bezeichnet wird. Knigge schrieb, ob eine Handlung gut, schön, anständig sei oder nicht, das könne nur nach der Nützlichkeit der Handlung beurteilt werden. Und nützlich sei nicht, was nicht auch edel sei.

Knigge lehrte die Menschen, gesittet miteinander umzugehen. Ethik aber lehrt die Menschen, überpersönliche Ziele anzustreben, Ziele, die über das Nutzen und Frommen eines einzelnen Menschen hinausgehen. Denn alle Handlungen eines Individuums unterscheiden sich voneinander durch ihr jeweiliges Ziel.

Entweder hat dieses Ziel mit dem einzelnen Menschen zu tun, der einen Zweck für sich damit verfolgt, oder aber das Ziel liegt außerhalb der Privatinteressen des Einzelnen.

Persönliche Ziele können sein: sich selbst zu erhalten, sich zu entwickeln oder einfach nur sich zu unterhalten und zu erfreuen. Alles Ziele, die als solche nicht beurteilt werden sollten; sie sind und waren für sich gesehen immer ohne »moralischen Wert«; sie sind sozusagen »moralisch neutral«, weder gut noch böse. So bezeichnet oder lobt man niemanden als »moralisch gut«, nur weil er sich gut pflegt, Sport treibt oder auf seine Gesundheit achtet. Man unterstellt auch nicht, dass der Betreffende sich damit ein moralisches Ziel gesteckt hat. Man wird ihn höchstens wegen seiner Selbstdisziplin bewundern und ihm Anerkennung zollen, weil er so »vernünftig« lebt.

Anders ist es, wenn kein persönliches Ziel verfolgt wird. Nehmen wir an, jemand sorgt sich nicht einfach so oder aus ästhetischen Gründen darum, gesund zu bleiben, sondern weil er sich verantwortlich für eine Familie fühlt, die es zu ernähren gilt. Dann verfolgt er in erster Linie kein persönliches Ziel mehr, Adressat seines Tuns ist vielmehr eine Gemeinschaft. Er handelt nicht, damit es ihm gut gehe, sondern um andere am Leben zu erhalten.

»Moralisch« werden also nur solche Handlungen genannt, die zu überpersönlichen Zielen führen. Sie stehen über dem Einzelnen und zielen auf Gruppen, in denen Individuen zusammengeschlossen sind, auf Gesellschaften. Moralisch zu bewerten sind also Ziele und Handlungen, die eine Gemeinschaft oder die ganze Gesellschaft zum Zweck haben.

In Deutschland bestehen auch über 60 Jahre nach der Befreiung von der Nazi-Diktatur immer noch Hemmungen, den Begriff »Gemeinschaft« zu benutzen, da er durch die Nationalsozialisten, die von der »Volksgemeinschaft« sprachen, belastet ist.

Wenn ich hier von Gemeinschaft spreche, dann geht es mir nicht um eine ethnische Gruppe, sondern um eine Gemeinschaft von Menschen, die in einer bestimmten Art und Weise denken, fühlen und leben. Unter Gemeinschaft verstehe ich jede menschliche Gruppe, von der Familie über die Nachbarschaft, die Stadt, den Staat bis hin zur

Menschheit. Es handelt sich also ausschließlich um die politische Gesellschaft.

Jede demokratische Gesellschaft wird geprägt von verschieden denkenden Gruppen mit unterschiedlichen Wertvorstellungen und Interessen. Im Ringen um das vermeintlich richtige Handeln in der Politik wird es deshalb zu Konflikten um die richtigen Ziele und deren Gewichtungen kommen. Damit eine Gesellschaft aber Adressat moralischen Handelns sein kann, müssen mehrere Voraussetzungen erfüllt sein.

Die erste und sicher wichtigste Voraussetzung liegt in dem »Gesellschaftsvertrag«, den die Individuen untereinander schließen. So beschreibt es der französische Philosoph Jean-Jacques Rousseau im 18. Jahrhundert in seinem »contrat social«. Der Zusammenschluss der Bürger bedingt allerdings, dass jeder ein Interesse daran haben muss, diesen Vertrag zu unterzeichnen und einzuhalten. Jeder muss nicht nur verstehen, um welche Regeln es geht, sondern sie auch akzeptieren. Weshalb sonst sollte er die Gesellschaft zum Ziel seines Verhaltens machen?

Unter Wissenschaftlern wird darüber diskutiert, ob moralische Werte das Bindeglied innerhalb einer Gemeinschaft sein können, jenseits von unterschiedlichen Interessen von Einzelnen und Untergruppen, und ob die Gesellschaft durch einen Wertekonsens zusammengehalten werden kann, ja zusammengehalten werden muss, um zu funktionieren.

Sicher haben eine gemeinsame Sprache, eine gemeinsame Kultur und Geschichte große Kraft, eine Gesellschaft zusammenzuhalten. Darüber hinaus braucht es dazu aber eine Übereinstimmung bei den grundlegenden Werten. Ein solcher Konsens ist notwendig und als politisches Ziel zu formulieren, das alle Individuen anstreben sollten, um das gemeinsame Leben in geregelte Bahnen zu lenken. Denn eines ist gewiss: Der Einzelne, und sei er noch so selbstständig, ist umgeben von anderen Individuen und muss deshalb Regeln befolgen.

Im Alltag lösen die meisten Handlungen des einen Reaktionen des anderen aus. Nehmen wir an, zwei Personen greifen in einem Geschäft nach demselben Stück Butter. Sie werden sich arrangieren müssen, soll das Einkaufen reibungslos funktionieren. Oder: Ein Fußgänger überquert eine Straße, was den Autofahrer zwingt, zu bremsen. Er muss Rücksicht nehmen auf den anderen.

Wenn einige Soziologen glauben, in modernen Zeiten sei eine Gesellschaft ohne Zusammenhalt die große Chance für das Individuum, dann reden sie der Anarchie das Wort und träumen von einem Leben ohne Herrschaft. Das aber ist soziale Utopie, und in einer solchen Gesellschaft will ich nicht leben.

Mir ist es bedeutend lieber, wenn mich ein Konsens mit meinen Mitbürgern verbindet, zumindest, wenn es um Werte geht. Moralische Werte veranlassen jeden Bürger, Verantwortung für den Zustand der Gesellschaft zu empfinden, und motivieren ihn zu solidarischem Handeln, obwohl es keine staatlich fixierten Regelungen dafür gibt.

Allein das Wissen um Werte wie Solidarität, Verantwortung und Gerechtigkeit bewirkt doch bei einigen Menschen, sich freiwillig und ohne Entlohnung für die Gemeinschaft einzusetzen, selbst wenn andere denken, »Moral« wäre ein verstaubter Begriff aus alten Zeiten. Dabei sind Werte modern. Und sie bedeuten mehr als das, was Knigge empfiehlt und was den Alltag heutzutage ebenfalls angenehm macht: »Sei streng, pünktlich, ordentlich, arbeitsam, fleißig in Deinem Berufe! …« Knigges »Tugendkanon« könnte eine gute Voraussetzung für die Ausbildung und Akzeptanz eines Kanons moralischer Werte sein. Oder ist es vielleicht gar umgekehrt? Erst gemeinsam gedachte und empfundene Werte wie »Solidarität« führen im Alltag zu Tugenden wie »Pünktlichkeit«, »Hilfsbereitschaft« und vielem mehr.

Früher, in den sogenannten moralinsauren Zeiten, gab es das »tugendhafte« Mädchen, das keine »Männerhosen« anzog, nicht mal ein ärmelloses Kleid, und auf Keuschheit bestand.

Keuschheit galt als Tugend. Als Benjamin Franklin ganz in der Manier des Herrn von Knigge einen persönlichen Katalog mit 13 Tugenden aufstellte, zählte er wie selbstverständlich auch die Keuschheit dazu und definierte sie in einer Art und Weise, die uns heute eher schmunzeln lässt. Seine Maxime lautete: »Gebrauche die Sexualität selten und nur um der Gesundheit oder Nachkommen willen – nie zur Abstumpfung, Schwächung oder Schädigung des eigenen oder des Friedens oder Rufes eines anderen.«

Wie soll heute Keuschheit noch als Maßstab des Verhaltens gelten, wenn Kinder, kaum sind sie sexuell gereift, kostenlos Kondome an den Schulen erhalten und in deren Benutzung eingewiesen werden – als Vorsorge weniger gegen Schwangerschaft als gegen die Seuche Aids. Wenn junge Leute nicht mehr von den Eltern aufgeklärt werden, sondern von den Pornos im Fernsehen lernen, was am meisten Spaß macht. Und statt »das ist cool« zu sagen, heißt es bei vielen Jugendlichen heute schon: »Das ist porno.«

Im strengen Ton einer schwarz gekleideten Gouvernante scheint »die Tugend« zu ermahnen: »Das gehört sich nicht!« Aber auf wunderbare Weise empfindet jeder irgendwie, dass die Gouvernante selbst in Sachen »Keuschheit« so ganz Unrecht nicht hat. Und trotzdem wird Tugend immer als negativ empfunden, als drohender Zeigefinger, dessentwegen man nicht zu tun wagt, was man eigentlich gern täte. In der Tat: Wer Moral, Werte und Tugenden ganz altertümlich nur als Verbote definiert, dem müssen diese Begriffe und ihre Inhalte verstaubt und überholt vorkommen.

Selbst nachdem die absolutistischen Monarchien in der Folge der Französischen Revolution durch republikanische Staatssysteme abgelöst worden waren, änderte sich wenig in den vermeintlich ethischen Vorstellungen der Bürger. Gemäß den gängigen Morallehrbüchern der damaligen Zeit blieb die vornehmste Aufgabe des Bürgers die unkritische Pflichterfüllung.

Doch da machte Herr von Knigge eine rühmliche Ausnahme: Er sah den Bürger als emanzipierten Menschen, betrachtete in dem Kapitel »Über den Umgang mit den Großen der Erde, Fürsten, Vornehmen und Reichen« alle Vertreter der Obrigkeit mit Skepsis und empfahl dem Bürger: »Dränge Dich den Vornehmen und Reichen nicht auf, wenn Du nicht von ihnen verachtet werden willst! ... Mache Dich rar; doch dies alles, ohne dass Deine Absicht merklich, ohne dass es gezwungen scheine.«

Trotz seiner klugen Ratschläge aber blieben die meisten Bürger damals dabei, Pflichterfüllung als vornehmste Aufgabe anzusehen. Das wirkt bis heute nach und das Wort »Pflicht« – in der Moralphilosophie ein wichtiger Begriff – wirkt immer noch dumpf und abstoßend. Vor allem in Deutschland ist die »Pflicht« durch die Nazi-Zeit und den Umgang mit ihr grundsätzlich beschädigt. Nicht wenige Nazi-Täter haben sich damit entschuldigt, doch nichts anderes als »ihre Pflicht« getan zu haben, und sind damit in der Gesellschaft wie bei Gericht durchaus auch auf Zustimmung gestoßen. Erst die vielgeschmähten 68er haben mit dieser wohlfeilen

Ausrede gründlich aufgeräumt. Dies ist zu Recht geschehen, kann aber im Umkehrschluss nicht heißen, dass heute Staatsbürger keinerlei Pflichten mehr der Gemeinschaft und dem Staat gegenüber haben. Dass infolge der antibürgerlichen Revolte von 1968 generell »Tugenden« wie Pünktlichkeit, Sparsamkeit und Fleiß als »spießig« gebrandmarkt wurden, ist als Reflex erklärlich. Im Bewusstsein, dass diese Entwicklung zu unserer Geschichte gehört, ist es nun aber an der Zeit, diese »spießigen« Tugenden neu auf ihre Tauglichkeit zu überprüfen.

Denn Wertungen können von sozialen Gegebenheiten nicht getrennt werden. Diese Erkenntnis setzt voraus, dass jeder seinen sozialen Platz in der Gesellschaft kennt und akzeptiert. Wer nicht weiß, wo er steht, wie jene Jugendlichen, die Ausländer oder Farbige hetzen, ist schwer zu sozialem Verhalten zu erziehen.

Aber: Auch scheinbar unbedeutende und spießige Dinge, wie das Grüßen oder das galante Spiel mit dem Handkuss, erleichtern den alltäglichen Umgang der Menschen untereinander, weil sie getragen sind von der Achtung des andern – und vielleicht auch von Vorsicht und Rücksichtnahme. Wie aktuell das ist, zeigt das Kind in der Bausparwerbung, das zu seinem vom alternativen Milieu gezeichneten Vater sagt: Papa, dann möchte ich auch Spießer sein …

Lob der Höflichkeit

Für sich genommen sei Höflichkeit zweitrangig, schrieb der französische Moralphilosoph André Comte-Sponville, ja, sogar lächerlich: »Neben der Tugend oder der Intelligenz ist sie wie ein Nichts, und genau das muss die Höflichkeit in ihrer feinen Zurückhaltung ebenfalls auszudrücken imstande sein.« Später allerdings bezeichnete er die Höflichkeit doch als Ursprung aller Tugenden.

Der Begriff »Höflichkeit« kommt ursprünglich, wie man leicht erkennt, vom richtigen Verhalten bei Hofe, also von dort, wo die vornehmen Leute, die Vorbilder für die bürgerliche Klasse, zusammentrafen. Gegenüber dem König verhielten sich seine Untertanen »höflich«, sie nahmen Rücksicht auf ihn, denn lange Zeit war er ein Herrscher von Gottes Gnaden. Der deutsche Kaiser war bis zum Ende des Ersten Weltkriegs das Oberhaupt der protestantischen Kirche in Deutschland! Mit ihm sollte man besonders ehrfürchtig umgehen. Dieser »höfliche« Ton setzte sich in der Hierarchie nach unten fort.

Die Zeiten der Kaiser und Könige sind vorbei, und »Höflichkeit« ist gleichbedeutend geworden mit

»richtigem Benehmen«, wie es aus einer guten Erziehung hervorgeht.

Die ersten Verhaltensregeln, die ein Kind hört, lauten meist nur: »Nein, tu dies nicht, tu jenes nicht!« Viele Handlungen sind verboten, weil sie schlecht, schmutzig, gefährlich sind, andere sind geboten, weil sie gut, richtig, notwendig sind. Das Kind verfügt aber noch nicht über Maßstäbe, die ihm erlauben, »richtig« und »falsch« oder gar »gut« und »böse« zu unterscheiden. Es lernt nur, was es darf und was es nicht darf, was man macht oder was man unterlässt. »Höflichkeit« oder »gutes Benehmen« soll die triebhaften Wünsche des Kindes regulieren, damit es auf ein Zusammenleben ohne zu große Konflikte vorbereitet wird. Es lernt im besten Fall Manieren, also sich anderen gegenüber in angenehmer Weise zu verhalten und Kränkungen zu vermeiden. Die Eltern bringen ihm bei, »bitte« zu sagen, wenn es etwas möchte, und damit lernt es, freundlich um Aufmerksamkeit zu »bitten«. Und es erfährt, dass »danke« ein Wort ist, mit dem man sich für eine Aufmerksamkeit erkenntlich zeigt.

Höflichkeit wird so zu einem elementaren Bestandteil der zwischenmenschlichen Beziehungen, die weitgehend über die Sprache funktionieren. Höflichkeit gehört als unverzichtbarer Bestandteil zu einer Gesellschaft, die Wert darauf legt, dass Kommunikation und Beziehungen zwischen ihren Mitgliedern ausgeglichen funktionieren.

»Formeln von Kindern herbeten zu lassen, das dient zu nichts«, sagte der aus heutiger Sicht vielleicht zu gestrenge Philosoph Immanuel Kant und geht hier wohl von einer allzu abstrakten philosophischen Vorstellung aus. Heutzutage wäre man ja schon oft froh, könnten Kinder und Jugendliche Formeln des höflichen Umgangs wenigsten herbeten. Das wäre dann schon mal die Voraussetzung, dass alle einen Begriff davon haben, worum es geht. André Comte-Sponville dagegen hat wohl recht, wenn er trotz aller Bedenken die Höflichkeit zur Mutter aller Tugenden ernennt: »Die Höflichkeit (›das tut man nicht‹) kommt also vor der Moral (›das darf man nicht tun‹), die sich erst ganz allmählich bildet, gewissermaßen als verinnerlichte Höflichkeit, befreit von Äußerlichkeiten und Interessen, vollständig eingebunden in die Gesinnung (von der die Höflichkeit nur die praktische Seite kennt). Doch wie könnte die Moral zum Vorschein kommen, wenn die Höflichkeit nicht zuerst da wäre? Die guten Sitten kommen vor den guten Taten und führen zu ihnen.«

Das mit der Moral fängt also ganz klein an. Aber selbst diese elementaren Übungen sind vielen Menschen lästig, und Eltern und Lehrer sind nicht selten überfordert damit.

Schlägereien auf dem Schulhof, das Klingeln der Mobiltelefone im Unterricht, Essen und Trinken, während der Lehrer Aufgaben verteilt, bei den Eltern einfach dazwischenreden, während sich Vater und Mutter unterhalten, die Liste des heute üblichen

Verhaltens ist lang, und es ist beileibe nicht nur auf die lieben Kleinen beschränkt. Wer kennt sie nicht, die Drängler im Straßenverkehr und an der Supermarktkasse, die Alle-hören-meine-Musik-Mitreisenden oder Wohnungsnachbarn.

Aber die Ungeduld in der Gesellschaft solchen Zeitgenossen gegenüber wächst und mit ihr der Wunsch nach mehr Manieren. Der eine oder andere Lehrer verlangt besseres Benehmen, auch manch ein Politiker wagt es, bürgerliche Tugenden wie Höflichkeit, Ordnung, Fleiß wieder zum Ziel der Erziehung zu erheben.

Bremens Bildungssenator Willi Lemke zum Beispiel forderte lautstark in einer Boulevardzeitung, die Schüler sollten wieder höflicher werden, zur Begrüßung der Lehrer aufstehen und nicht mit »Reizwäsche« in die Schule gehen. Vor der Konsequenz, »Benehmen« als Pflichtfach an den Schulen einzuführen, schreckte er aber zurück. Die Umgangsformen sollten ständig nebenbei im Schulalltag vermittelt werden.

Immer wieder aber setzen Pädagogen, die täglich unter der Unhöflichkeit der Schüler leiden, Zeichen.

So der Leiter der Gesamtschule Badenstedt in Niedersachsen. Er hat einen »Schulvertrag« entworfen, den alle 810 Schüler und deren Eltern unterschreiben mussten. Bei Verstößen gegen den Vertrag sind Strafen angedroht, etwa: das Klassenzimmer putzen.

Der Vertrag regelt den Umgang miteinander recht ausführlich.

- *Kleidung:* Keine tiefen Ausschnitte, keine tief sitzenden Hüfthosen, die Pofalte darf nicht zu sehen sein. Keine T-Shirts mit provokantem Aufdruck wie »Schule ist doof«.
- *Elektronische Geräte:* Mobiltelefone müssen am Schuleingang ausgeschaltet werden. Walkman und MP3-Player bleiben im Unterricht ausgeschaltet. Fotografieren und Filmen in der Schule ist nicht erlaubt.
- *Verhalten:* Die Schulsprache ist Deutsch. Niemand soll beschimpft, beleidigt, geschlagen oder bedroht werden. Nicht spucken oder fluchen. Den Schwächeren soll man helfen, Mut machen, sie trösten.

Auch diese Beispiele zeigen, wie der Leidensdruck in der Gesellschaft wächst. Und doch ist eine große Mehrheit in Deutschland immer noch nicht bereit, Höflichkeit und gutes Benehmen als notwendigen Teil der Erziehung anzuerkennen. Allerdings hätte man es schon gerne, dass die anderen »sich benehmen«, während man sich selbst oder seinem Sprössling jede Form der »freien Selbstentfaltung« (sprich: Rücksichtslosigkeit) gerne zugesteht, ja zum obersten Prinzip erhebt.

Dass Schüler etwas gegen Benimm-Unterricht einzuwenden haben, das mag man noch mit deren

Unreife abtun. Unreife bedeutet hier das Nichtwissen um das Funktionieren von Regeln zum Wohle eines friedlichen, ja freundlichen Zusammenlebens in einer Gemeinschaft. So räumt die Vorstandssprecherin der Bremer Landesschulvertretung, die Schülerin Lea Voigt, ein, dass es keine »nette Atmosphäre von gegenseitigem Respekt und Toleranz« gebe, »aber die Konsequenzen sind die falschen«. Statt Schülern »moralische Maßstäbe einzuhämmern«, sollten Politiker und Pädagogen die Ursachen des Elends beseitigen. Und damit meint die Vertreterin der Schüler: weniger »Selektion und Leistungsdruck« ausüben und endlich mehr Berufsaussichten schaffen. Sie denkt rein individualistisch und kurzschlüssig – keine Leistung, dafür aber garantierte Belohnung. Das ist selbst ökonomisch paradox, sie hat also nichts von der Bedeutung moralischer Regeln für eine Gesellschaft verstanden. Aber wie sollte sie auch, wenn es ihr niemand, weder Eltern noch Lehrer, beigebracht hat.

Als Politiker in Hamburg beschlossen, das gute Benehmen an die Schulen zu tragen, kommentierte die dortige Lokalzeitung, es sei keine gute Idee, »Benimm-Unterricht« als festen Bestandteil des Stundenplans einzuführen. »Die Schule ist als Reparaturbetrieb für die nachlassende Erziehungsleistung der Eltern schon jetzt überfordert. Die Schulen müssen sich im Unterricht dringend auf das Kerngeschäft konzentrieren: die Wissensvermittlung, die

Entwicklung musischer und sportlicher Fähigkeiten der jungen Menschen.«

Und manch einer scheut sogar vor absurden Argumenten nicht zurück wie: Auch der eine oder andere SS-Mann sei äußerst höflich gewesen. So warf Oskar Lafontaine einst Bundeskanzler Helmut Schmidt vor, er spreche von »Pflichtgefühl, Berechenbarkeit, Machbarkeit, Standhaftigkeit. Das sind Sekundärtugenden. Ganz präzise gesagt: Damit kann man auch ein KZ betreiben.« Lafontaine hat sich kurz darauf bei Helmut Schmidt entschuldigt und sehr viel später sogar erklärt: »Ich habe in meinen Ämtern bewiesen, dass es ohne Sekundärtugenden nicht geht. Als Ministerpräsident und Parteivorsitzender hatte ich einen 15-Stunden-Tag, habe täglich Fleiß, Pünktlichkeit und Zuverlässigkeit praktiziert. Aber bis zum heutigen Tag haben viele Deutsche nicht verstanden, dass diese Sekundärtugenden in jedem System eingesetzt werden können. Man kann bei guten und bei bösen Taten fleißig, zuverlässig und pünktlich sein.«

Die Kritik von Intellektuellen an der Höflichkeit begann in Frankreich schon im 17. Jahrhundert. Der aristokratischen Gesellschaft wurde von den Moralisten vorgeworfen, ihre guten Sitten seien nur Maske und Schein. Sie seien nicht »authentisch«. Die Ursache der Kritik lag in der Ablehnung des Hofes und der dort herrschenden Sitten durch die Intellektuellen. Doch die Höflichkeit in einer demokratischen Gesellschaft darf mit der Verlogenheit des Lebens am Hofe von Versailles nicht verglichen werden. Höflichkeit bedeutet ja zunächst, richtig zu handeln. Von den Kritikern des »Konzepts Höflichkeit« hört man in Deutschland aber nicht nur das Argument, wer höflich ist, sei verlogen, da lässt man, »ehrlich« und »authentisch«, wie man eben ist, einfach mal die Sau raus. Immer gern genommen wird auch die Behauptung, dass »gutes Benehmen irgendwie reaktionär bis faschistisch, freiheitseinengend, verklemmt, frauen- oder gar ausländerfeindlich oder sonst was ganz Schlimmes sei«, schreibt die Publizistin Cora Stephan und folgert daraus: »Wir sind wahrscheinlich das flegelhafteste Land weit und breit – aber das authentisch & identisch.« Wer höflich ist und sich benimmt, der handelt auch sozial und letztlich sogar politisch: Er will nämlich das Zusammenleben freundlich gestalten. Wie wenig ausgeprägt dieses Verhalten vor allem bei uns zu Lande ist, weiß jeder.

»Machen Sie bitte keine Umstände«, sagt jemand, der sich für die höfliche Geste eines anderen bedankt. Aber Umstände gemacht zu bekommen gehört zu den kleinen Freuden des Lebens. Umstände machen heißt: Zeit zu vergeuden. Der Zwang, immer schneller und immer effektiver zu handeln, mit der Zeit wie mit einem seltenen Gut umzugehen, richtet die Aufmerksamkeit vieler Leute nur auf die offensichtlich materiellen Ergebnisse ihres Handelns. Für die Kosten ist der Faktor Zeit dabei eine wichtige

Größe. Ein höflicher Mensch weiß, dass er Rücksicht nehmen, vielleicht Umstände machen muss und deswegen das Eigene hintanstellt. Dafür nimmt er sich die Zeit.

Über die Unhöflichkeit, ja Rüpelhaftigkeit deutscher Autofahrer könnte man Bibliotheken vollschreiben: Wenn jemand rangiert, dann wird gehupt und sich vorgedrängt, was Signalhorn und Gummi hergeben. Nein, ich warte nicht. Ich bin authentisch. Und ich bin im Recht. Höflichkeit hieße nachgeben. Und nachgeben erscheint unnatürlich.

Solche Menschen benehmen sich wie Rüpel. Und wir sollten sie gemäß dem Motto, Klartext zu sprechen, auch Rüpel nennen.

Leider ist der Rüpel häufig zum Vorbild in unserer Gesellschaft geworden. Von Vorbildern aber lernen die nachwachsenden Generationen. Als in Bremen eine heftige Debatte ausbrach wegen der Einführung des Schulfachs »Umgang, Benehmen, Verhalten«, kritisierten Schüler die schlechte Vorbildfunktion der Erwachsenen und die Eltern das Fehlverhalten von Lehrern. Der Umgangston gegenüber den Lehrern sei oft »nicht nett«, sagte eine Schülerin, und: »Warum sollte ein Hauptschüler aufpassen und sich benehmen, wenn er später eh keine Lehrstelle kriegt. Da stört ihn auch die Sechs nicht mehr.« Dem Mädchen fehlt die Erkenntnis, dass bürgerliche Tugenden, gute Noten und die Anstellung als Auszubildende in der Regel sehr eng zusammenhängen.

Ein anderer Schülervertreter klagte: »Man muss sich nur anschauen, wie Lehrer und Schüler nach dem Unterricht zum Bus stürmen. Die wollen alle nur schnell nach Hause. Es ist normal geworden, dass man sich nicht mehr gegenseitig grüßt.«

Weil Lehrern und Eltern immer mehr als Vorbilder und Vermittler von »gutem Benehmen« versagen, würde ein entsprechender Unterricht an der Schule möglicherweise helfen. Aber er ergibt keinen Sinn, wenn nicht wenigstens auch an der Schule und auf dem Weg zum Bus gelebt wird, was die Lehrer vermitteln sollen.

Zur Höflichkeit gehört es aber auch, Distanz zu wahren. Höflichkeit bewahrt den Mitmenschen körperlich und geistig vor zu großer Nähe, sie erwartet nicht nur Anpassung an die Bedürfnisse des anderen, sie gestattet diesem ausdrücklich Freiheiten: sich auszudrücken, zu entwickeln und so weiter. Aber auch diese Seite der Höflichkeit lassen wir Deutsche oft vermissen. Wenn wir einmal eine Sache, ein Verhalten als »richtig« oder »gut« erkannt haben, dann drängen wir uns als Besserwisser dem anderen auf.

Ein seit langer Zeit in Paris arbeitender deutscher Kollege erzählte mir neulich von einer Begegnung mit seinem Chefredakteur, die für ihn sehr unangenehm war. In Frankreich hätten Taktgefühl – noch so ein schöner Begriff für »Höflichkeit« – und Diskretion jeden abgehalten, sich so aufzuspielen, wie der Chef es tat. Der lud seinen Korrespondenten, der auf Heimatbesuch gekommen war, zum Essen ein, was ja an sich eine nette Geste ist. Der Gast aus Paris bestellte beim Kellner ein Eisbein mit Sauerkraut und dazu ein Wasser. Er verzichtete auf Bier, weil er lange Jahre alkoholkrank gewesen, inzwischen aber geheilt war. Der Chefredakteur rief dem Kellner lautstark zu: »Bringen Sie ihm ein Bier und einen Schnaps!« Der Korrespondent bat höflich darum, von dieser Bestellung Abstand zu nehmen. Der Chefredakteur, noch lauter, den Einwand beiseite wischend: »Ein Eisbein ohne Bier und Schnaps schmeckt nicht. Es bleibt dabei!« In seiner Not konnte sich der Korrespondent nur in die grobe Bemerkung retten: »Entweder Sie respektieren meine Bestellung oder wir essen nie mehr zusammen.« Taktgefühl hätte geholfen, solch eine unerfreuliche Situation, die beide Personen in Verlegenheit bringt, zu vermeiden.

Höflichkeit hat nicht zuletzt auch noch eine ästhetische Komponente: Sie soll das Leben schön machen. So gehört zur Höflichkeit auch die äußere Form, die aus Haltung, Gebärde, Sprache und vielem mehr besteht.

Das trifft beispielsweise auch auf so etwas wie Kleiderregeln zu.

Deutsche Journalisten unterscheiden sich von Kollegen in anderen Ländern meist schon durch ihre Kleidung. Sie gehen bewusst nachlässig, ja schlampig gekleidet zur Arbeit. Als ich als Korrespondent in die USA versetzt wurde, war ich – selbst ziemlich schludrig gekleidet – erstaunt, dass manche Redakteure mit Anzug und Weste im Büro erschienen. Es könnte ja sein, dass sie zu einem auswärtigen Termin geschickt würden, und da wollten sie ihren jeweiligen Gesprächspartnern durch ihre Kleidung Respekt erweisen.

Ich habe das eingesehen und mich angepasst.

Als später in Paris eines Tages der französische Staatspräsident François Mitterrand der ARD ein großes Interview zusagte, bat ich die Mitglieder der drei deutschen Kamerateams des Pariser Studios, statt des sonst üblichen Pullovers bei diesem besonderen Arbeitseinsatz im Élysée-Palast mit Jacke und Krawatte zu erscheinen. Dies gebiete der Respekt gegenüber unserem Gastgeber. Mancher aus dem Team kam der Bitte nur mürrisch nach. Und kaum hatte der französische Staatspräsident den Salon verlassen, in dem wir mit ihm drehten, riss sich einer der deutschen Kameraleute die Krawatte ostentativ wieder vom Hals. So, als habe sie ihn gewürgt. Mir erschien das nur als Wichtigtuerei und Demonstration seiner Selbstgefälligkeit.

Zur Verleihung des Deutschen Filmpreises oder des Deutschen Fernsehpreises bitten die Gastgeber die Geladenen, sich dem Anlass entsprechend feierlich zu kleiden und im Smoking zu erscheinen. Während in England und den Vereinigten Staaten von Amerika so eine festliche Kleidung selbst zu größeren Abendessen in privatem Kreis angelegt wird, ist das in Deutschland inzwischen nicht mehr üblich. Vielleicht liegt das daran, dass sich die Lehren aus »Kleider machen Leute« oder »des Kaisers neue Kleider« zu stark in unser Bewusstsein eingegraben haben?

Jedenfalls erscheinen selbst viele der für Preise Nominierten, seien es Schauspieler, Produzenten oder Regisseure, aus Trotz gegen den von den Gastgebern erbetenen »Smoking« im dunklen Anzug mit offenem Hemd.

Vermutlich sehen sie sich als Kulturkritiker, die dafür sorgen wollen, dass die ganze Aufmerksamkeit nicht ihnen gilt, sondern der Sache – also ihrer Arbeit, die ausgezeichnet werden soll. Allerdings wird so eine Atmosphäre geschaffen, hat schon der Religionsphilosoph Romano Guardini geklagt, »in welcher die Sachlichkeit zur Grobheit wird. Diese sieht alles das, was wir als Gegenstand der Ehrerbietung erkannt haben: die Person des Menschen, seine Würde, sein Herz und Gefühl ... als unwesentlich an – soweit sie nicht ihrerseits als ›Sache‹ in eine Rechnung eingesetzt werden. Und jedes Mitempfinden und Bedenken des fremden Lebens, seiner Zustände und Stimmungen, der jeweiligen Situationen in ihrer Besonderheit, was alles zur Höflichkeit gehört, wird dann ›überflüssig‹. Die Wirkung aber ist schlimm: Das Dasein verarmt und verroht.«

Unordnung und spätes Leid

Der Begriff »bürgerliche Tugenden« wirkt heute veraltet. Ist das Bürgertum nicht zu Recht als spießig, verstaubt und gestrig verschrien?

Gemeint ist hier jedoch jener Bürger, der einst versuchte, sich im Kampf gegen den Adel wirtschaftlich und geistig durchzusetzen. Dieser Bürger verstand sich als Mensch, der aus eigener Anstrengung ein geordnetes wirtschaftliches Leben aufbaute. Während der Adel aus der Fülle, wenn nicht gar dem Überfluss heraus lebte und großzügig und großmütig mit seinesgleichen umging, lernte der Bürger sparsam zu wirtschaften und mit seinen Möglichkeiten hauszuhalten. Und weil er beim Aufbau seines Daseins gezwungen war, mit sehr viel geringeren Mitteln auszukommen als der Adel oder die Geistlichkeit, entwickelte er einen Sinn für besondere wirtschaftliche Tugenden, ohne die er glaubte nicht bestehen zu können. Die »bürgerlichen Tugenden« sind also kein Selbstzweck.

Anfang des 18. Jahrhunderts begann die bürgerliche Schicht das kulturelle Leben Europas zu bestimmen. Es war die Zeit der Aufklärung, in der sich das Bürgertum aus der Vorherrschaft aristokratischer und theologischer Bindungen befreien und seine eigenen Regeln entwickeln konnte. Besonders wichtig für das praktische Leben im Alltag waren für den Bürger einfache Tugenden wie Ordnungsliebe und Pünktlichkeit, Sparsamkeit, Tüchtigkeit und Fleiß.

Im Vergleich zu den aristotelischen Kardinaltugenden, Tapferkeit und Gerechtigkeit, Weisheit und Mäßigung, wirken sie nebensächlich und unbedeutend. Kein Wunder also, dass derjenige, der Tugenden mit Außerordentlichem und schwer Erfüllbarem verbindet, diese bürgerlichen Regeln verächtlich »Sekundärtugenden« nennt. Gewiss, Kants kategorischer Imperativ »Handle so, dass die Maxime deines Willens jederzeit zugleich als Prinzip einer allgemeinen Gesetzgebung gelten könne« klingt im Ohr der meisten Menschen so abstrakt und absolut, dass sie vermutlich meinen, damit könnten wohl kaum Ordnungsliebe oder Sparsamkeit und erst recht nicht Pünktlichkeit und Fleiß gemeint sein.

Dabei liegt, es kann gar nicht oft genug wiederholt werden, auch in diesen scheinbar unbedeutenden Tugenden der Grundstein für das sittliche Verhalten eines Menschen. Vielleicht hilft es, wenn man dies, statt mit dem kategorischen Imperativ, mit der »goldenen Regel« einübt: »Was du nicht willst, das man dir tu', das füg auch keinem andern zu.«

Mit der Aufklärung entwickelten die Bürger nicht nur ihre Tugendkultur, auch neue Gedanken zum Thema Erziehung wurden diskutiert. Die Schriften von Jean-Jacques Rousseau, in denen die bürgerlichen Maßregeln eine zentrale Rolle spielen, waren in aller Munde.

Zu den Anhängern Rousseaus und der Französischen Revolution gehörte auch der Schweizer Sozialreformer und Pädagoge Johann Heinrich Pestalozzi, der in seinem Erziehungsroman *Lienhard und Gertrud* die wirtschaftliche Ordnung als Voraussetzung für ein sittliches Leben preist. Er schlägt vor: »Von Jugend auf zwei Batzen sparen ist ein Mittel wider den Ursprung von Verbrechen, gegen die man sonst Galgen und Rad braucht.« (Der Batzen war ein silbernes Geldstück, das bis ins 19. Jahrhundert geprägt wurde.)

Für Pestalozzi lag der Grund für die Verwahrlosung des Menschen in der wirtschaftlichen »Unordnung«. Darum hielt er es für unumgänglich, Kinder schon früh zu Arbeit, zu Ordnung und Reinlichkeit zu erziehen. Nicht nur, weil sie dadurch befähigt würden, als Erwachsene im wirtschaftlichen Leben bestehen zu können, sondern weil dadurch die Grundlagen für ihr gesamtes sittliches Verhalten entstünden.

Von dem Pädagogen Joachim Heinrich Campe wird Ordnung sogar zur Muttertugend erhoben. In *Väterlicher Rath für meine Tochter* schreibt er: »Das Schlimmste dabei ist, daß die Unordnung im Äußerlichen nach und nach, zwar unmerklich, aber nichtsdestoweniger gewiß auch in das Innere der Menschen, in ihre Empfindungen, in ihre Denkungsart, in ihre moralischen Handlungen übergeht. Wessen Auge durch den Anblick einer chaotischen Verwirrung und schändlichen Unsauberkeit in seinem Zimmer nicht mehr beleidigt wird, dessen Herz und Geist werden sich auch nicht lange mehr gegen die sittlichen Unordnungen in seiner Familie empören.«

Von der Höflichkeit hieß es, sie solle das Leben schön machen. Die Ordnung dagegen ist eine praktische Tugend. Sie soll das geregelte Leben erst ermöglichen.

Campes Bezeichnung »Muttertugend« für die Ordnung entspringt den Gedanken der Aufklärung, die von der Vorrangstellung menschlichen Ordnungswillens ausgehen. Deshalb nennt Campe die Pünktlichkeit eine wichtige »Tochtertugend«, denn sie regelt die Zeiteinteilung, ermöglicht also die richtige Ausnutzung der zur Verfügung stehenden Zeit und nimmt Rücksicht auf die Zeiteinteilung anderer, die man nicht warten lassen soll. Pünktlichkeit nannte Ludwig XVIII. einst »die Höflichkeit der Könige«, weil sie noch 100 Jahre vorher die Einzigen waren, die über Uhren verfügten!

Ordnung hat einen negativen Klang in den Ohren vieler, die sich an Schimpfkanonaden der Eltern wegen unaufgeräumter Kinderzimmer erinnern, und tatsächlich kann Ordnung, wenn sie übertrieben und zum Selbstzweck wird, die freie Entfaltung des Menschen behindern.

Wo ein Kind spielt, entsteht Unordnung.

Wo ein Mensch arbeitet, geraten die Dinge schon einmal durcheinander.

Wo unterschiedliche Menschen aufeinandertreffen, kann vorübergehend sogar ein Chaos entstehen, das kreative Kräfte freizusetzen vermag.

Pedanten sollten nicht vergessen, dass Ordnung nur ein Handlungsprinzip ist und nicht, unabhängig vom Menschen, schon von Anfang an vorhanden war. Ordnung schafft der Mensch aus eigener Anstrengung, um Übersicht zu haben, und Ordnung muss er immer wieder durch neue Anstrengung herstellen. Ordnung hat also mit der Kultur des Menschen zu tun.

Die Natur hat ihre eigene Ordnung, die der Mensch von heute als Chaos empfindet. Wer einen Garten hat und ihn pflegt, der klagt immer wieder über das wuchernde Unkraut, über die verblühenden Pflanzen, den viel zu schnell nachwachsenden Rasen, über die im Herbst vom Nachbarbaum herüberwehenden welken Blätter.

Überall dort, wo der Mensch nicht Ordnung hält, wächst die Natur nach und verdrängt die Kultur. In Hollywoodfilmen kämpfen sich Helden auf der Suche nach verborgenen Schätzen durch den Dschungel, dessen urwüchsige Gewalt eine vergangene Königsstadt mit Lianen, Wurzeln und Tropenpflanzen verschlungen hat.

Die Natur ist von selbst da und reproduziert sich selbst. Und der Mensch als einziges vernunftbegabtes Wesen kann Einfluss nehmen auf die Gestaltung seines Umfelds, die Natur, nur er kann sie kultivieren, eine von ihm gewollte Ordnung schaffen und aufrechterhalten.

Da der Mensch aber auch über eine »natürliche« Seite verfügt, wird er, seiner Triebstruktur folgend, manche Ordnungen mutwillig zerstören. Egoismus, Triebe, althergebrachte Herrschaftsstrukturen, Patriarchat, Clandenken stehen im Widerspruch zu neuen demokratischen Verhaltensweisen. Dort, wo diese Widersprüche aufeinanderstoßen, ist die Ordnung gestört, sind Sicherheit und Frieden gefährdet. Wir erfahren jeden Tag davon.

Die Gewalt, besonders unter jungen Leuten, nimmt zu. Das patriarchalische Denken von Männern, die sich noch den Traditionen ihrer Herkunftsländer verpflichtet fühlen, führt bis zu Morden an ihren Töchtern, die sich in der Kultur ihrer neuen Heimat wohler fühlen. Deutsche Soldaten werden inzwischen eingesetzt, um in Afghanistan zu helfen, eine staatliche Ordnung wiederherzustellen. Und das auch gegen Menschen, die sich einer demokratischen Ordnung widersetzen. Einer Ordnung, die auf den Werten Freiheit, Gleichheit, Brüderlichkeit beruht und Grundlage für die fortschrittlichste Form des menschlichen Zusammenlebens ist.

Ordnung heißt also nicht nur, das Kinderzimmer oder den Schreibtisch aufzuräumen, sie ist auch die

Voraussetzung für die sinnvolle Gestaltung des gesellschaftlichen Zusammenlebens. Daraus begründet sich auch die zentrale Bedeutung der Ordnung bei der Entwicklung einer sittlichen Persönlichkeit.

Wenn wir die Vernunft als Maßstab der Erkenntnis nehmen, dann sieht jedes vernünftige Wesen im Ordnungswillen einen Teil seiner eigenen Natur, den er nicht preisgeben darf. Wer aber den Willen zur Ordnung zerfallen lässt, der wirft die Vernunft über Bord.

Im 5. Jahrhundert v. Chr. entwickelten sich in Griechenland zur gleichen Zeit die beiden Begriffe »Natur« und »Polis« – der Stadtstaat als Ort von natürlichem und von zivilem Recht. Dieser Gleichklang von Natur und Nation bei den Griechen ist kein Zufall; man entdeckt ihn bei fast allen Völkern bis hin nach China.

Die Geschichte der »französischen Nation« aber hat andersartige Wurzeln und ist auch von anderen Einflüssen geprägt als etwa das »deutsche Vaterland«. Um den nichtchristlichen, heidnischen Glauben mit seinen Naturgottheiten zu bekämpfen, prägte die schon früh in Gallien verbreitete katholische Kirche den Gedanken, dass die Natur dem Menschen untertan sei, er sie also, wie Descartes spöttisch sagte, als Spielzeug benutzen dürfe. Und genau das taten die Franzosen.

Wer in französischen Schlossgärten wandelt, der sieht heute noch in Form geschnittene Bäume und Büsche, Zirkel, Kreise, Quadrate aus Blumen und Sträuchern, Kunstwerke von Menschenhand. Und dieser Glaube, dass die Natur dem Menschen untertan sei, führte sogar immer wieder dazu, dass in Frankreich die Wälder als reine Naturholzreservoirs angesehen wurden, die man zum Bauen oder Verbrennen willkürlich ausbeutete. Erst Staatsminister Colbert verfügte im 17. Jahrhundert unter Ludwig XIV. die systematische Anpflanzung von Wäldern, allerdings aus einem rationalen Grund: Man brauchte gut gewachsene Bäume für die Masten der Kriegsschiffe.

Für die Natur ist im katholischen Frankreich Gott zuständig. In Deutschland indessen haben die Protestanten sie, aus Kritik am katholischen Glauben, zunächst verachtet, später aber den Menschen für den Zustand seiner Natur verantwortlich gemacht. Die Bewunderung der Klassik und die katholische Religion haben in Frankreichs Literatur und Malerei ein anderes Naturgefühl entstehen lassen als etwa bei den Bewohnern des Deutschen Reiches. Die Werke der großen Dichter Frankreichs, die auch heute noch die Erziehung bestimmen – Corneille, Racine, Molière –, sind naturfern und stellen ausschließlich den Menschen und sein Schicksal in den Mittelpunkt. Und selbst die meisten französischen Romantiker hingen dem katholisch geprägten Naturbegriff an, nicht dem pantheistischen der deutschen Romantik. Selbst in französischen Märchen ist der Wald in jeder Hinsicht zivilisierter als der deutsche. Die französischen Märchen spielen in einer heiteren, bebauten Landschaft, kennen nicht den öden, düsteren Lebensbereich deutscher Märchendämonen.

Da stehen sich zwei Ordnungsbegriffe gegenüber: die *gewollte* Ordnung und die *gewachsene*. Beides in sich zu vereinen, nämlich Zukunft und Geschichte, darin liegt die große Kunst einer modernen, toleranten Gesellschaft. Eine Feststellung, die mich zurückführt zu den bürgerlichen Tugenden und zur Erziehung der Kinder zu sozialen Wesen.

Von »Höflichkeit« und »Ordnung« haben die Bürger eine Reihe weiterer Tugenden hergeleitet, unter anderem: Pünktlichkeit, Sparsamkeit, Reinlichkeit und Fleiß. Und Bremens Bildungssenator Willi Lemke hat sicher an diese Normen gedacht, als er an den Schulen eine Rückkehr zu den Tugenden »Disziplin, Höflichkeit und Respekt« forderte. Der saarländische Bildungsminister Jürgen Schreier sehnte sich gar expressis verbis nach »Tugenden wie Ordnung, Pünktlichkeit und Fleiß«.

Bundesjustizministerin Brigitte Zypries ging noch weiter. Sie regte an, alle Schüler sollten einheitliche Schulkleidung tragen, damit das »Wir-Gefühl« in Deutschland gefördert werde: »Damit beseitigen wir nicht nur die Burkas, sondern auch Probleme, die sich durch soziale Unterschiede ergeben.« Zypries will keine Schuluniformen, wie sie etwa in Großbritannien üblich sind, sondern einheitliche Hosen, T-Shirts oder Sweatshirts: »Damit könnte so etwas wie eine ›corporate identity‹, ein Wir-Gefühl an den Schulen gefördert werden.« Den Begriff aus der Wirtschaft, »corporate identity«, finde ich in dem Zusammenhang zwar unpassend, aber die Ministerin hat recht, wenn sie ein größeres Wir-Gefühl anstrebt. Und der von ihr vorgeschlagene Weg hat sich schon an einigen wenigen Schulen in Deutschland bewährt.

Im Jahr 2000 startete die Klasse 5b an der Haupt- und Realschule in Hamburg-Sinstorf mit 19 Schülern aus sieben verschiedenen Grundschulen. Die Pädagogin Karin Brose stellte fest, dass sich die Mädchen unaufdringlich verhielten, während sieben Jungen auffällig bis verhaltensgestört waren. Die Klasse wuchs auf 28 Schüler an, darunter Deutsche, Türken, Kurden, Russen, Inder, Afghanen und Griechen.

»Einige Jungen blieben ohne Lern- und Arbeitsdisziplin«, berichtet Karin Brose. »Sie ließen nicht ausreden, schrien dazwischen, sangen während des Unterrichts laute Lieder, liefen herum oder riefen quer durch den Raum. Einige zeigten wenig Achtung – weder vor Erwachsenen noch vor Kindern. Distanzlosigkeit wurde deutlich. Diese Kinder konnten sich nicht konzentrieren oder dem Unterricht folgen.«

Die Lehrerin wusste keinen Rat als den, der Schulleitung und dem Elternbeirat vorzuschlagen, in der neuen 5. Klasse eine einheitliche Schulkleidung einzuführen. Bewusst benutzte sie nicht das in den USA oder Großbritannien übliche Wort »Schuluniform«. In Deutschland hat das Wort »Uniform« noch immer einen schlechten Beigeschmack. Der Gedanke an die Nazis, die sich in ihren Uniformen mächtig fühlten und diese Macht schrecklich missbrauchten, ist noch immer präsent. Neben diesem Reflex spielt aber auch eine Rolle, dass jeder Einzelne etwas ganz Besonderes sein will, einzigartig, nicht »uniform«. Die Frage ist nur, wie und wo man dieses an sich berechtigte und nachvollziehbare Streben nach Einzigartigkeit auslebt: im Klassenzimmer, auf der Autobahn, zu Hause an der Staffelei oder mit seinem Schlagzeug in einem schalldichten Keller.

Karin Brose begründet ihre Idee der Schulkleidung damit, dass die Schule ein Arbeitsplatz sei und man dort auch Arbeitskleidung tragen könne. Schule und Eltern unterstützten das pädagogische Anliegen der Lehrerin, die dann gemeinsam mit den Schülern schlichte grüne Pullover mit einem Aufdruck, der Schule und Klasse bezeichnet, auswählte und besorgte.

Schon nach wenigen Wochen veränderte sich das Verhalten der Schüler, und wenn der eine oder andere Junge versuchte, den Beschluss zu umgehen, wurde er von den Klassenkameraden gerügt. Der Gruppendruck wirkte. Und die Lehrerin stellte fest, dass neu hinzukommende Schüler sich schnell und ohne Probleme eingliederten. Das wachsende Gruppengefühl führte zu einem stärkeren Zusammenhalt, soziale Ausgrenzungen wegen der Kleidung fanden nicht mehr statt.

Inzwischen tragen alle Schüler in Sinstorf eine von ihnen mit entworfene Schulkleidung. Und der gute Ruf der Schule verbreitete sich in der Umgebung. Das soziale Verhalten der Schüler verbesserte sich so bemerkenswert, dass Eltern aus entfernteren Gegenden ihre Kinder an dieser Schule anmelden, auch um dem Kleidungsterror zu entfliehen.

Die Markenartikelindustrie hat es verstanden, besonders Kindern und Jugendlichen zu suggerieren, dass ihre jeweilige Marke der ideale Ausdruck ihrer Besonderheit und Einzigartigkeit sei. So hat der Markenwahn unter Jugendlichen derart zugenommen, dass er inzwischen Sozialämter und Gerichte auf merkwürdigste Art und Weise beschäftigt. Beispielsweise beantragten Eltern beim Sozialamt in Lüneburg Geld für einen teuren Markenschulranzen, damit ihr Kind nicht von den Mitschülern gemobbt würde. Wer nicht »coole Teile« von »New Yorker« oder »Adidas« trägt, wird von den anderen als »Aldi« angepöbelt und aus der Gruppe ausgeschlossen. Der darf geprügelt werden. Kinder wiederum, die sich modische Klamotten nicht leisten können, »ziehen« sie von anderen »ab«, das heißt, sie rauben sie mit Gewalt.

Das Sozialamt lehnte den Antrag auf den Markenschulranzen ab. Daraufhin klagten die Eltern. Und das Oberverwaltungsgericht Lüneburg entschied, das Sozialamt habe den Markenranzen zu finanzieren.

Klartext gesprochen, meine ich: Diese Richter spinnen, oder der Gesetzgeber hat einen Vogel!

Entweder haben die Richter die Rechtslage zu weit ausgelegt oder aber die sozialen Zuwendungen sind zu weit gefasst; dann hätten die Richter dies aber kritisieren müssen. Justiz und Politiker aber gehen, wie so häufig, den leichtesten Weg und lassen den Staat zahlen. Der Staat, das sind ja immer die anderen.

Wie kann es nur möglich sein, dass jemand gesetzlich Anspruch auf einen Markenranzen hat? Hat das mal einer zu Ende gedacht? Was ist, wenn es übermorgen nicht mehr sozial zumutbar ist und man diskriminiert wird, wenn man mit dem Fahrrad oder dem Bus zur Schule kommt, während die anderen mit dem Mercedes vorgefahren werden? Bekommt dann jede Familie ein Auto der Oberklasse spendiert? Mit einer solchen Entscheidung unterstützen die Richter nicht nur den unerträglichen Klamotten- und Konsumterror, sondern auch die Pervertierung des Gedankens von der »Gleichheit«, der nämlich »gleiche Chancen und Rechte für alle« meint und nicht Gleichmacherei – auf welchem Niveau auch immer.

Klare Schranken, klare Regeln, ein klares Nein gelten in Deutschland als »undemokratisch«. Lavieren ist »in«. Die Große Koalition bietet dafür ein eindrückliches Beispiel. Aber das Bedürfnis nach mehr Klarheit und Disziplin wächst in unserer Gesellschaft. Das Experiment von Karin Brose in Sinstorf hat auch Wissenschaftler interessiert, und die haben, gerade bei älteren Schülern, die schon einige Jahre lang Schülerkleidung tragen, ein weitaus besseres Sozialverhalten festgestellt. Nun melden sich immer mehr Schulen aus ganz Deutschland bei Karin Brose und bitten sie um Rat. Sie hat eine Anleitung herausgegeben, in der sie erklärt, was Schulen tun müssen, um Schulkleidung einzuführen. Ob im oberbayerischen Haag oder in der Jesuitenschule in Sankt Blasien im Schwarzwald, überall wird die Schulkleidung freiwillig von Schülern und Eltern angenommen. Und von Angela Merkel über Gregor Gysi bis zu Edmund Stoiber findet die Forderung von Justizministerin Zypries nach einheitlicher Schulkleidung Zustimmung. Denn allen scheint zu dämmern, dass die deutsche Gesellschaft unter einem Mangel an konsequenten Regeln und schwindender Disziplin leidet.

Der Mangel an Disziplin ist zwar kein rein deutsches Problem, aber jedes Land reagiert anders auf dieses gesellschaftliche Manko. Die deutsche Öffentlichkeit nahm eben als scheinbar überraschende Erkenntnis wahr, dass es seit 20 Jahren eine Unterschicht gibt. Immer mehr Familien geraten in wirtschaftliche Not. Das ist nichts Außergewöhnliches. Dass immer mehr Leute sich in der Notlage einrichten, schon eher. Selbst Bundeskanzler Gerhard Schröder scheute sich nicht, öffentlich zu sagen, dass er aus der »Unterschicht« stamme. Seine Mutter war Putzfrau, die häufig von der Sozialhilfe lebte. Ihr Sohn Gerhard konnte das Gymnasium nicht besuchen, weil er dann kein Geld verdient hätte. Schröder ging deshalb nach der Volksschule in eine Lehre. Aber er hatte den unbedingten Willen, aus der Unterschicht aufzusteigen, und er hat es geschafft. Heute aber haben Jugendliche, die in der Unterschicht aufwachsen, weder den Willen noch die Disziplin, in bessere Verhältnisse aufzusteigen.

Entsetzt fragen sich plötzlich Politiker und besorgte Bürger in Deutschland, ob auch hier »französische Zustände« drohen. Auch hier würden sich schließlich viele Jugendliche nichtdeutscher Herkunft ausgeschlossen fühlen und könnten in Zukunft, besonders in den sozialen »Ghettos«, ihrem Zorn Ausdruck verleihen, so wie es die Franzosen taten. Unionspolitiker wie Jörg Schönbohm, Wolfgang Bosbach oder Günther Beckstein warnten sofort vor »Parallelgesellschaften«.

Wir halten fest: Nicht als unerträglich empfundene soziale Zustände in Deutschland beunruhigen Politiker, sondern die von Jugendlichen ausgehenden Unruhen mit brennenden Autos und Bussen in Frankreich.

In einigen Vororten von Paris, in denen Zehntausende arbeitsloser Migranten leben, haben junge Menschen keine Zukunftsaussichten. Selbst wer eine Schulausbildung abgeschlossen hat, wird kaum zu einem Vorstellungsgespräch eingeladen, wenn auf den Bewerbungsunterlagen ein Name wie Mohamed oder Leyla und dazu eine Adresse aus der »verrufenen« Banlieue stehen. Manche leben vom Drogenhandel oder kleineren Gaunereien. Und immer wieder zünden Jugendliche in diesen Vororten die Autos ihrer Väter, Onkel oder Brüder an. Gewalt wird zum Ventil des Zorns. Doch im Herbst 2005 nahmen die Unruhen überhand, nachdem sich zwei Jugendliche auf der Flucht vor Polizisten in einem Transformatorenhäuschen versteckt hatten und durch Starkstrom umgekommen waren. In den folgenden Nächten fackelten die Jugendlichen aus der »Unterschicht« einige hundert Autos ab, allerdings nicht die irgendeines »Klassenfeinds«, sondern immer noch die von Leuten aus ihrer eigenen Umgebung. Die französische Regierung konnte nur Ruhe schaffen, indem sie den Ausnahmezustand verhängte.

Der Aufstand der Jugendlichen war die Folge eines längst bekannten Missstandes. 800 000 junge Leute, so stellte die Regierung schon Jahre zuvor fest, haben die reguläre Arbeitsgesellschaft verlassen. Sie können kaum lesen oder schreiben. Deshalb erließ Premierminister Dominique de Villepin im August 2005 eine Verordnung, nach der besondere Eingliederungszentren gegründet werden sollen: Centre »Défense deuxième chance« – Verteidigungszentrum »Zweite Chance«. Dort sollen jährlich bis zu 60 000 junge Leute so geschult werden, dass sie in der Arbeitswelt ohne fremde Hilfe bestehen können.

Die Zentren unterstehen dem Verteidigungs- und dem Sozialministerium. Das Sozialministerium ist weitgehend für die Finanzierung zuständig, das Verteidigungsministerium für das Praktische. Ehemalige Militärs stellen die Hälfte des Personals. Und so sieht die Schulung dann auch aus.

Disziplin steht auf dem Lehrplan an erster Stelle. Die jungen Leute zwischen 18 und 21 Jahren legen sich freiwillig für sechs Monate fest. Zweimal können sie um dieselbe Zeit verlängern. In den ersten Monaten erhalten sie 140 Euro Taschengeld, ab dem vierten Monat 160 Euro. Aber nur ein Teil des Geldes wird ausgezahlt. Der Rest wird bis zum Ausbildungsschluss angespart, um den Absolventen eine Starthilfe zu verschaffen.

Morgens um halb sieben ist Wecken.

»Das ist für sie der erste Schock«, sagt Pierre Brunetta, Chef des Zentrums in Val-de-Reuil, bisher hätten sie bis halb vier nachmittags im Bett gelegen. Brunetta hat den Rang eines Schiffskapitäns bei der U-Boot-Flotte: »Wir folgen keiner besonderen Methode, aber wir bringen ihnen auch bei, ›guten Tag‹ zu sagen, beim Gehen nicht mit den Füßen zu schlurfen, sich gerade zu halten.«

Die Arbeitskleidung besteht aus grauen Overalls. Zum Sport werden blaue Trainingsanzüge getragen. Zum Ausgehen erhalten die Jungen einen Blazer, Hosen und eine Clubkrawatte. Wer nicht schon nach den ersten Tagen abbricht, wird streng militärisch gedrillt. In kleinen Gruppen von jeweils zehn

Schülern lernen sie Rechtschreibung, Grammatik, Mathematik. Mittags folgen zwei Stunden Sport, dem schließt sich ein Berufsunterricht an, Hotelfach, Transportwesen, Bau, Grünanlagen, Dienstleistungen. Und der Tag geht nicht zu Ende, bevor sie nicht auch die hauswirtschaftlichen Aufgaben in ihrem Zentrum erledigt haben. Um 22 Uhr 30 wird »das Feuer gelöscht«.

Innerhalb des ersten Jahres haben 3000 junge Leute ihre Chance genutzt und die Ausbildung in den Zentren durchlaufen. Natürlich gab es auch Pannen. In einem Zentrum zum Beispiel nahmen drei Soldaten die militärische Ausbildung als Drill allzu wörtlich.

Die meisten Freiwilligen aber hatten Erfolg: 95 Prozent erhielten einen Schulabschluss, obwohl ein Drittel zu Beginn große Schwierigkeiten hatte zu lesen. 80 Prozent erhielten ein Zeugnis, das sie zu einem Beruf befähigt. Und 90 Prozent der Absolventen fanden eine Anstellung oder eine Lehrstelle.

Die harte Ausbildung zur Disziplin wurde in Frankreich kaum in Frage gestellt. Im Gegenteil, der Erfolg der Zentren veranlasste Ségolène Royal als Präsidentschaftskandidatin der Sozialisten, im Wahlkampf den Vorschlag zu machen, junge Straftäter sollten in Zukunft in »humanitären Lagern im Rahmen der Armee« Nachhilfeunterricht in ihrem Ausbildungsberuf erhalten.

In Frankreich wurde zwar über diese Idee der

militärischen Ausbildungslager gestritten, aber selbst bei den Sozialisten fanden sich genügend Anhänger für den strengen »Nachhilfeunterricht«, sodass Ségolène Royal ihre Idee nicht zurückziehen musste. Im Gegenteil, sie punktete damit bei den Wählern des konservativen Lagers. Die Zustimmung zu dieser Erziehungsmaßnahme hat damit zu tun, dass die Franzosen eine positive Einstellung zur Armee als einer »Schule der Nation« haben. Und damit, dass die französische Gesellschaft nicht auf Strenge und Strafen verzichtet, wenn vorgegebene Regeln nicht eingehalten werden.

Der französische Staat stellt den Eltern jüngster Kinder schon früh Krippen zur Verfügung, weil die Verantwortlichen davon ausgehen, dass die staatliche Erziehung meist besser und wirkungsvoller ist als die von Eltern, die beide erwerbstätig sind und sich nicht genügend um die Erziehung kümmern können. Die öffentlichen Schulen gelten als Regelschulen der nationalen Erziehung. Der republikanische Gedanke von »Gleichheit« wird als Begründung angegeben: Alle Kinder sollen die gleiche Chance auf Bildung haben. Schließlich ist Bildung die wichtigste Ressource für die erfolgreiche Zukunft eines Kindes. Denn, so fasste schon der französische Soziologe Émile Durkheim die in Frankreich übliche Vorstellung von moralischer Erziehung zusammen: »Im Gegensatz zu einer weitverbreiteten Meinung, nämlich, dass die Moralerziehung vor allem der Familie zu überlassen ist, glaube ich im Gegenteil, dass das Werk der Schule in der Moralentwicklung des Kindes von höchster Wichtigkeit sein kann und sein muss.«

In Deutschland dagegen lehnen die meisten Eltern und Lehrer Gleichheit als Motiv in der Erziehung ab, ebenso staatliche Strenge und den Geist der Disziplin als Methode. Auch das hat wohl mit unserer Geschichte zu tun.

Während des Dritten Reichs wurden die Schulen zum Instrument staatlich gelenkter ideologischer Einflussnahme pervertiert und Kinder gegen ihre Eltern indoktriniert. Deshalb werden Strenge und Disziplin, die zu äußerlichem Gehorsam erziehen, mit autoritärer Unterdrückung gleichgesetzt. Zum Ideal wird der engagierte Bürger hochstilisiert, der seine eigenen Interessen im demokratischen Geschehen verantwortlich vertritt.

In Reaktion auf das Dritte Reich sollen Schüler lernen, dass Macht missbraucht werden kann. So steht ganz vorn im Berliner Schulgesetz: Ziel müsse die Heranbildung von Persönlichkeiten sein, welche fähig sind, der Ideologie des Nationalsozialismus und allen anderen zur Gewaltherrschaft strebenden politischen Lehren entschieden entgegenzutreten. Die jungen Leute sollen also zu ethisch handelnden Persönlichkeiten erzogen werden, die sich der Verantwortung gegenüber der Allgemeinheit bewusst sind. Theoretisch klingt das überzeugend. Doch in der Praxis zeigen sich viele deutsche Lehrer überfordert, weil sie das wichtigste Element der Erziehung eines Kindes zur moralischen Person ablehnen: den Geist der Disziplin.

Während an französischen, britischen oder holländischen Schulen die regelmäßige Einhaltung der Ordnungsvorschriften geprüft und mit Strenge durchgesetzt wird, wachsen deutsche Kinder in einer Kultur auf, »in der Härte und Strenge den Geruch des Unmenschlichen haben«, so Bernhard Bueb, langjähriger Leiter des Internats Salem: »Wir fürchten, die Zuneigung von Kindern und Jugendlichen durch Konsequenz zu verlieren, und sind um die psychischen Folgen von Disziplin besorgt. Uns mangelt die Erkenntnis, dass Strenge stärken und zu viel Fürsorge schwächen kann.« Als Schulleiter stellte Bernhard Bueb fest, dass Eltern aus dem Ausland, ob aus Frankreich, England oder gar China, von der Schule erwarteten, dass ihr Kind eine gute Erziehung erhielt. »Es sollte sich auch wohlfühlen; wenn es das nicht tat, dann war das bedauerlich, aber nicht zu ändern«, so Bueb. »Deutsche Eltern wollen natürlich auch eine gute Erziehung, aber vor allem soll sich das Kind wohlfühlen. Strenge Maßnahmen werden nur so lange akzeptiert, wie sie das Wohlgefühl des Kindes nicht stören. Deutsche Eltern geben schneller dem Drängen des Kindes nach, das Internat verlassen zu dürfen, wenn ihm zu viel Disziplin abverlangt wird.«

An allen Schulen, seien es französische und britische, deutsche oder holländische, müssen Schüler pünktlich zum Unterricht erscheinen. Und in Frankreich, England und in den Niederlanden wird die Pünktlichkeit auch streng überprüft. Nur in Deutschland ist das nicht der Fall, so ergibt es die interkulturelle Studie von Professor Werner Schiffauer. Theoretisch sieht die Gesetzgebung zur Schulpflicht in Deutschland eine Reihe von Maßnahmen vor, die zu ergreifen sind, wenn Eltern nicht dafür sorgen, dass ihre Kinder regelmäßig zum Unterricht erscheinen. Das geht vom offiziellen Mahnschreiben über polizeiliche Vorführung bis hin zur Geldstrafe von bis zu mehreren tausend Euro.

In der Praxis sieht das aber anders aus. In Berlin informierte die Schulbehörde kürzlich alle Schulen, dass strafrechtliche Verfahren wegen des Verstoßes gegen die Schulpflicht von der Staatsanwaltschaft eingestellt würden, da die Schuld der Erziehungsberechtigten als gering anzusehen sei, insbesondere, wenn Eltern ihre Kinder »entsprechend ihrem Kulturkreis« erzögen und es in ihrem Heimatland keine vergleichbare Schulpflicht gebe. In Deutschland lebende Ausländer brauchen demnach ihre Kinder in Deutschland nicht in die Schule zu schicken, wenn es in ihrem Heimatland keine Schulpflicht gibt.

Dies ist – Klartext geredet – Schwachsinn!

Damit verzichtet der Staat auf die Durchführung seiner eigenen Gesetze. Und das darf keine Gesellschaft dulden. Und was genauso schlimm ist: Wer so denkt und handelt, macht sich schuldig an den Migrantenkindern, denen damit die Chance genommen wird, sich eigenständig zu entwickeln und in unsere Gesellschaft zu integrieren. Nebenbei: Das verstößt fundamental gegen das Grundgesetz. Sehr eindrucksvoll schildert eine solch misslungene »Schulerziehung« aus missverstandenem Multikulturalismus und Bequemlichkeit die anonyme türkischstämmige »Inci Y.« in ihrem Lebensbericht *Erstickt an euren Lügen*. Sie wurde jedes Schuljahr versetzt, obwohl sie weder Deutsch ausreichend lesen oder schreiben noch rechnen konnte. Man hatte ja Mitleid mit dem armen Türkenmädel, das, samt Familie, nicht mit so viel fremdem Eifer überfordert werden sollte.

Dahinter steckt für mich der gleiche Denkfehler, der dazu führte, dass ein deutsches Gericht den Mörder einer Frau milder bestrafte, weil seine Tat in seinem Kulturkreis als »Ehrenmord« gelten würde.

Solche Richter, Lehrer, Politiker sind, um wieder Klartext zu reden, einfach nur feige. Da sie sich nicht dem Verdacht aussetzen wollen, sie hätten zu wenig Verständnis für eine andere Kultur, sie seien, ganz im Sinne der »bösen« deutschen Geschichte, gar Rassisten, wollen sie es allen recht machen – und machen es somit keinem recht. Denn: ein bisschen schwanger geht eben nicht.

Noch schlimmer, nämlich tatsächlich rassistisch, argumentierte ein Richter, der einen neunzehnjährigen Skin vergleichsweise milde zu fünf Jahren Jugendstrafe verurteilte, obwohl der Neonazi einen Angolaner erstochen hatte. Nach Ansicht des Gerichts aber traf das Opfer eine Teilschuld an seiner eigenen Ermordung: »Wir mussten davon ausgehen«, hieß es in der Urteilsbegründung, »dass die Hautfarbe des Opfers wesentlich zu der Tat beigetragen hat.«

Eine Gesellschaft, die sich nach verlässlichen Werten sehnt, darf nicht zulassen, dass ihre Beamten (= Diener des Staates) herumlavieren. Gerade dort, wo der staatliche Auftrag zur Erziehung beginnt, in der Schule, müssen die Verantwortlichen dafür sorgen, dass klare Maßstäbe und Ordnung herrschen und die vorgegebenen Regeln eingehalten werden.

Wie die Wirklichkeit aussieht, erfuhr die Soziologin Sabine Mannitz, die im Rahmen einer interkulturellen Schuluntersuchung die disziplinarischen Ordnungskonzepte verglich. An der Lise-Meitner-Schule in Berlin stieß sie auf einen Fall, dem sie nachging. Ein Mädchen der neunten Klasse fehlte über Wochen, und viele Lehrerinnen bemerkten die Abwesenheit nicht einmal. Nach einiger Zeit rief der zuständige Tutor die Eltern des Mädchens an, »um zu erfahren, was los sei: Die waren völlig überrascht, da sie glaubten, ihre Tochter sei jeden Morgen in die Schule gegangen. Sie versprachen, mit dem Mädchen zu reden, das in der Tat am nächsten Morgen wieder im Unterricht war. Nach wenigen Tagen fehlte sie allerdings erneut.« Daraufhin schaltete die Schule einen Sozialpädagogen ein, der aber wenig hilfreich war. Denn er vertrat die Ansicht, man könne die Schülerin zu nichts zwingen, auch die Eltern nicht. Die Soziologin konfrontierte die Lehrerinnen mit ihrer Kritik an dem nachlässigen Verhalten der Schule. Die aber beriefen sich auch nur auf die Eigenverantwortung der Jugendlichen und ihrer Familien. Sie sahen zwar ein, dass das Schulrecht sie eigentlich verpflichtete, einzugreifen, aber es komme doch immer auf den Einzelfall an.

Die Lehrerinnen handeln verantwortungslos, wenn sie nicht wenigstens versuchen, Jugendlichen Disziplin beizubringen, und sie handeln besonders verantwortungslos, wenn sie sich damit herausreden, die Verantwortung liege beim Schüler – oder seinen Eltern. Ohne Disziplin wird ein junger Mensch nicht zu einem moralischen Erwachsenen, der in der Lage ist, in einer Gemeinschaft mit festen Verhaltensregeln und ohne individuelle Willkür zu leben. Und die meisten Pädagogen sind sich einig, dass Kinder erst durch Disziplin glücklich werden können. Regeln helfen ihnen, ihre Rolle in der Gesellschaft zu finden.

Der ehemalige Chef des Internats Salem schildert, wie er einen schwierigen Fall durch Disziplin heilte: »Eines Tages wurde ein fünfzehnjähriger Junge zu mir geschickt, der trotz guter Begabung drohte, in der neunten Klasse erneut sitzen zu bleiben.« Der Junge strengte sich nicht an, nahm grundsätzlich eine lasche Haltung in der Schule ein und hatte dazu noch ein Alkoholproblem. Da kam dem Internatsleiter eine Idee. Er sagte: »Wenn du mir jetzt erklärst, dass du bereit bist, ein Jahr lang unsere strengste britische Internatsschule, ein sehr traditionelles Jungeninternat, zu besuchen, dann darfst du nach Salem zurückkehren.« Der Junge stimmte zu und traf in England, in dem Internat, das mit Salem verschwistert ist, auf eine hierarchisch geordnete Gesellschaft, »es herrschten Disziplin und Ordnung, Gehorsam galt als selbstverständlich, Schuluniform war verpflichtend, auf Regelübertretungen folgten Strafen, die Autorität der Erwachsenen, aber auch der Funktionäre der Schülermitverwaltung war unbestritten ... Die Schule entsprach dem Horrorbild einer pädagogischen Einrichtung, wie es die Prediger der antiautoritären Erziehung nicht schlimmer hätten an die Wand malen können.« Aber der Junge fand zu sich, hörte auf zu trinken, wurde ein begeisterter Sportler, begann zu arbeiten, und »aus dem psychisch angeschlagenen Jungen wurde ein junger Mann, der Erfolg hatte«. Nach einem Jahr kehrte er nach Salem zurück und bestand dort sein Abitur.

Der Begriff »Disziplin« verliert vielleicht dann seinen Schrecken, wenn man begreift, dass Disziplin nicht die Dressur zu einer willenlos gehorchenden Person bedeutet.

Der Geist der Disziplin besteht aus zwei Elementen:

– aus der Regelmäßigkeit und
– aus der Selbstbeherrschung und der Mäßigung der eigenen Wünsche.

Da jede Ordnung auf der Regelmäßigkeit des Verhaltens der einzelnen Bürger beruht, müssen schon Kinder lernen, sich nicht von ihren Gefühlen und Stimmungen treiben zu lassen, sondern Regeln zu folgen. Die stete und konsequente Erziehung zum Befolgen dieser Richtlinien funktioniert zunächst nur über die ständige Wiederholung der Anordnung durch Eltern oder Lehrer. Wichtig aber ist für eine Demokratie, dass die Erziehung dahin führt, dass ein Heranwachsender schließlich auch die Einsicht hat, richtig zu handeln.

In Deutschland findet Erziehung zu Ordnung und Selbstbeherrschung noch wenig Unterstützung – besonders in den staatlichen Schulen. Auch dies ist eine der vielen Folgen des Nationalsozialismus. Die Zeit des Dritten Reichs wird zu Recht verbunden mit Kadavergehorsam und brutalen Strafen für Unangepasste. – Das wollen wir nie wieder erleben. – Und die Kulturrevolte der sechziger und siebziger Jahre, in der die antiautoritäre Erziehung zum Ideal demokratischer Gesellschaften hochgelobt wurde, war eine Reaktion darauf.

Wir aber müssen lernen, uns von den Gespenstern der Vergangenheit zu befreien. Nicht jede pädagogische Maxime, die die Nazis ausgenutzt, pervertiert oder für ihre Zwecke instrumentalisiert haben, muss auch in unserer Gesellschaft zwangsläufig zu »autoritären« oder gar »faschistischen« Charakteren führen.

Auch wenn uns unsere freiheitliche Grundordnung »geschenkt« worden ist, dürfen wir nach über 60 Jahren Demokratie genug Souveränität, Optimismus und Selbstbewusstsein haben, dass wir uns zutrauen, die eine oder andere »alte Tugend« mit neuen Inhalten zu füllen.

Jubeln für Deutschland

Im Frühjahr 2006 fanden die Olympischen Winterspiele in Turin statt, und die deutsche Mannschaft behauptete den ersten Platz auf dem Medaillenspiegel der Nationenwertung. Da haben viele Deutsche begeistert gejubelt. Und weil allein die deutschen Sportler aus Thüringen mehr Medaillen gewannen als manch andere große Nation, haben die Thüringer sogar ein bisschen mehr gejubelt.

Es folgte die Fußballweltmeisterschaft in Deutschland. Für ein paar Cent gab es die deutsche Fahne zu kaufen, überall sah man sie, an Autos, an Balkonen, in Büros. Und wenn die deutsche Nationalmannschaft auch noch ein Tor schoss, ja, gar ein Spiel gewann, dann jubelten die Fans im Stadion, in den Public-viewing-Bereichen, wo Zehntausende gemeinsam die Spiele sahen, und am Fernseher. Aus Spaß und Freude haben die Fans ihre Deutschland-Fähnchen geschwenkt. So ganz wohl dabei war aber nicht jedem, der dieses Massenphänomen betrachtete. In allen Publikationen – von *Bild* über *Süddeutsche Zeitung*, *FAZ* und *Stern* bis *Zeit* – wurde die neue deutsche Liebe zu Schwarz-Rot-Gold analysiert.

Spiegel-online machte gar eine Umfrage zum Thema, ob die Massenbeflaggung befremdlich sei oder einfach Ausdruck unverkrampft fröhlicher Fankultur. Die Antworten entsprachen den Biografien und den Geburtsdaten der Befragten.

Die in Darmstadt geborene deutsche Schauspielerin vietnamesischer Herkunft Minh-Khai Phan-Thi (Jahrgang 1974) sagte: »Es ist total schön, wer alles die Deutschlandfahne schwenkt. Ich sehe heute eine Generation von Menschen mit unterschiedlicher Herkunft, die sich als Deutsche fühlen. Ein Nationalgefühl zu haben ist nicht falsch, denn es beweist, dass Deutschland geeint ist. Wir dürfen das Wir-Gefühl aber nicht zur Abgrenzung von anderen missbrauchen. Vielleicht startet ja mit der Weltmeisterschaft ein gesunder Heilungsprozess in dem Verhältnis, das wir zu unserem Land haben. Dabei müssen natürlich die Narben der Geschichte sichtbar bleiben, damit wir nicht von der bisherigen Duckhaltung ins andere Extrem fallen.«

Dagegen befand der 1930 geborene Heiner Geißler, ehemaliger Generalsekretär der CDU: »Es reicht langsam. Es gibt ein ukrainisches Sprichwort, das heißt: ›Wenn die Fahnen fliegen, ist der Verstand in der Trompete.‹ Wir haben den Zustand, dass uns der Verstand verloren geht, bald erreicht. Wenn wir das übernächste Spiel verlieren, ist Fußball trotzdem toll. Wenn ich überhaupt flagge, dann mindestens zwei Fahnen: die deutsche und die der Mannschaft, gegen die Deutschland spielt. Zwei Flaggen, das geht vor meinem Haus!«

Heiner Geißler war im Alter von 14 Jahren bei Kriegsende noch zum Schanzdienst eingezogen worden. Er konnte mit einem Schulkameraden fliehen und unbemerkt nach Hause zurückkehren. Ihm gelingt es nicht, trotz seiner Erlebnisse, nach vorn zu schauen und der neuen deutschen Identität Positives abzugewinnen.

Die Stimmung in den Stadien und den »public viewing points« rief bei manchen nachdenklichen Menschen Unwohlsein hervor. Die begeisterten Massen mit den Deutschlandfahnen erinnerten sie doch zu sehr an die Zeit von Goebbels' Sportpalast-Reden.

Dabei waren die meisten durchaus vernünftigen Deutschen wegen des Fußballspiels in diesem Augenblick nur glückstrunken und von ihrem Gefühl übermannt. Nirgends kam Chauvinismus oder Nationalismus auf, viele schwarz-rot-goldene Tattoos, Perücken, kleine Plastikpickelhauben und andere Devotionalien wirkten angenehm ironisch.

Nur der Intellekt eines tapferen katholischen, promovierten Sozialwissenschaftlers behielt in all der Partylaune die Übersicht.

Bundestagspräsident Dr. Norbert Lammert hatte schon Monate vor der WM erklärt, ein Patriotismus, bei dem die Begeisterung für die Fußballnationalmannschaft – unabhängig von ihrem Leistungsniveau – an die Stelle von Überzeugungen träte, sei ihm zu dürftig. Er jubele dann lieber den Brasilianern zu, da eines seiner beiden Adoptivkinder von dort stamme.

Was ist mit dem Mann los?

Merkt er nicht, dass Jubeln für Brasilien wegen eines Adoptivkindes – statt wegen der Leistung der brasilianischen Mannschaft – ebenso nur von Gefühlen geleitet ist? Die aber sind »politisch korrekt« – oder was?

Er versucht wie so viele Politiker einen Spagat, ohne je dafür geübt zu haben. Jubeln für Deutschland verträgt sich offenbar nicht mit seinem Einsatz für eine »europäische Leitkultur«. Ohne die christlichen Werte, so der christdemokratische Präsident des Bundestags, verliere Deutschland seine Basis. Und damit dieses Argument nicht von den Kritikern zerpflückt werde, fügt er hinzu, den Begriff einer »deutschen Leitkultur« halte er für falsch. Er meine die europäische.

Was will uns Herr Lammert damit sagen? Ist er wie viele deutsche Repräsentanten einfach nur verwirrt, wenn er »deutsch« sagen soll, auch noch in Verbindung mit »Kultur«? Und was ist eigentlich eine »Leitkultur«?

Die Auseinandersetzung um eine »deutsche Leitkultur«, angezettelt vom damaligen CDU-Fraktionsvorsitzenden Friedrich Merz, beunruhigte die SPD, weil sie keine Antwort zu diesem Thema parat hatte. Im Parteipräsidium warnte Sigmar Gabriel: »Wir müssen aufpassen, dass wir nicht mit dem Kopf argumentieren, während die anderen den Bauch ansprechen. Angst vor Überfremdung gibt es auch in unseren Reihen.«

Ja, das Bauchgefühl macht so manchem einen Strich durch die Rechnung. Die Gegenkampagne trat Rot-Grün deshalb lieber an die engagierten Bürger ab. Und der heutige Außenminister Frank-Walter Steinmeier, SPD und damals Kanzleramtschef: »Das ist ein Spalterthema. Das können wir den anderen überlassen.«

Ist die ganze Debatte vielleicht nur einer unglücklichen Formulierung von Herrn Merz zu verdanken, der als Jurist eben Substantive liebt? Meinte Merz nicht einfach nur, dass alle, die in diesem Land wohnen, sich an der Kultur dieses Landes orientieren sollten, dass diese sie »leiten« sollte? Und das schließt – ich sagte es bereits – alles ein: die deutsche Sprache und die Künste, die deutsche Geschichte in all ihren Facetten und all die Werte und Tugenden, die uns seit der klassischen Antike über das Christentum, aber auch über den »aufgeklärten« Islam Andalusiens, die Französische Revolution bis in unsere Verfassung hinein überliefert sind. Dass eine so verstandene deutsche Kultur, historisch betrachtet, immer eine starke europäische Dimension hat, wer wollte das bestreiten. Aber auch wenn das so ist, so gibt es doch Spezifika, die nur zu unserer Kultur gehören. Das ist beispielsweise der Völkermord an den Juden während der Nazi-Diktatur, das ist aber auch die »Erinnerungskultur« daran. Beides werden wir schwerlich an »Europa« loswerden können.

Die Berliner Werbeagentur Scholz & Friends entwarf in den Tagen der »Leitkulturdebatte« eine Aktion »Deutsche gegen rechte Gewalt«. Und die Ausländerbeauftragte Marieluise Beck sagte zu, die Initiative zu unterstützen. Darum hing bald an der Wand ihres Büros der Spruch »Ich bin stolz, ein Deutscher zu sein«, und das auch noch in Frakturschrift, so wie eigentlich die Rechten es lieben. Allerdings schmückte sich mit diesem Satz kein Neonazi, kein Skin oder Rechtsradikaler, er prangte vielmehr auf dem weißen T-Shirt eines Deutschen, eines schwarzen Musikers aus Berlin.

»Dass schwarze Deutsche den Sinnspruch der rechtsextremen Szene für sich beanspruchen«, begründete der Werbefachmann Sebastian Turner dieses Bild, »ist auch ein Plädoyer für die Neuorientierung unseres Nationalbewusstseins.«

Deutsche Selbstzweifel

Als sei es ein Naturgesetz, überfällt die Deutschen alle paar Jahre eine Monsterwelle. Wer sind wir? – Oder noch schlimmer: Sind wir wer?

Ausgelöst wird diese Welle immer von demselben Trauma, das uns jene zwölf Jahre unserer Geschichte zwischen 1933 und 1945 zugefügt haben. Auf der Flucht vor der Schuldfrage hatten sich viele Deutsche, auch Intellektuelle, lange Zeit darauf verständigt, die Teilung Deutschlands als die gerechte Strafe für die Verbrechen der Nazis anzusehen. Damit war die Frage nach einer »deutschen Nation« radikal und simpel gelöst: Man erklärte die Nation als überflüssiges Überbleibsel einer alten Zeit und nannte sich »postnationale Denker«.

In der DDR machte man es sich mindestens ebenso leicht und erklärte den anderen deutschen Teilstaat flugs als generell »antifaschistisch« und »antikapitalistisch« und war damit per definitionem auf der Seite des Guten. Der Nachfolgestaat des Dritten Reichs war die BRD.

Im Westen führten die Lehren aus dem Zweiten Weltkrieg schnell zur Gründung der EWG, die zur EU heranwuchs, und das erlaubte es den Deutschen – siehe Norbert Lammert –, sich in »postnationale« Europäer zu verwandeln. Ein Konstrukt, das allerdings jeden Franzosen, Engländer, Italiener oder Polen nur in Heiterkeit ausbrechen lässt.

»Postnational« wurde bis 1990 zum Standardwort, wenn es darum ging, den deutschen Teilstaat Bundesrepublik zu charakterisieren. Das fiel insofern leicht, als das geteilte Deutschland nicht als eine souveräne Nation angesehen werden konnte, weder als Ganzes noch seine beiden Einzelteile.

Mit der deutschen Einheit überkam dann vor allem die westdeutschen Linksintellektuellen die traurige Gewissheit, dass ihr Traum vom »postnationalen« Gebilde eben nur eine Selbsttäuschung war. Denn als zusammenwuchs, was zusammengehörte, entstand plötzlich etwas, das nicht nur das Ausland als »deutsche Nation« wahrnahm. Doch kaum hatten sich die Deutschen nolens volens daran gewöhnt, überfiel sie eine neue Schockwelle.

Die rot-grüne Regierung machte sich daran, endlich das deutsche Staatsbürgerschaftsrecht zu ändern, das aus wilhelminischer Zeit stammte und auf dem Prinzip des »Blutrechts« fußte. Deutscher war nur, wer ein deutsches Elternteil, deutsche Vorfahren, also »deutsches Blut« hatte. So war es möglich, dass Menschen »deutschen Blutes«, die seit Generationen an der Wolga lebten, als deutsche Staatsbürger aufgenommen werden konnten. Ein in der dritten Generation in Deutschland lebender Mensch, dessen Großeltern aus der Türkei oder Kroatien zugewandert waren, der hier geboren wurde und nur Deutsch und kein Türkisch oder Kroatisch sprach, war hingegen weiterhin Türke oder Kroate. Das ist, nebenbei bemerkt, bis heute für viele Sportnationalmannschaften ein herber Wettbewerbsnachteil im Vergleich zu anderen europäischen Nationen. Obwohl die Hürden, Deutscher zu sein oder vielmehr Deutscher zu werden, immer noch vergleichsweise hoch sind, überfiel so manchen Bundesbürger die Angst vor der »türkischen Überfremdung«. Diese Sorge war unbegründet, schließlich beantragten nur einige hunderttausend Türken einen deutschen Pass.

Knapp sechs Jahre später aber wurde bereits die nächste Debatte über die deutsche Identität geführt. Auslöser war Frank Schirrmachers Buch *Der Methusalem-Komplex*, das die These vom langsamen Aussterben der Deutschen zum Thema hatte.

Im Jahr 2004 und mit der »Wir sterben aus«-Hysterie rückte aber das Stichwort »Zuwanderung« wieder heftiger in den Vordergrund. Und als schließlich bei immer mehr Politikern, auch der Union, die Einsicht dämmerte, dass Deutschland ein Einwanderungsland ist und bleiben wird, kam über Nacht der Albtraum vom Verlust der »deutschen Identität« über so manchen Bürger.

Wir Deutsche antworten meist ziemlich diffus, wenn wir mit der Frage nach unserer »Identität« konfrontiert werden.

Aber nur eine Gemeinschaft, die weiß, was sie zusammenhält, wird neuen Mitgliedern vermitteln können, woran sie sich orientieren sollen. Das gilt für einen Gartenbauverein ebenso wie für den Club an der Alster oder eben ein Land. Bisher jedoch sah die deutsche Politik aus vielerlei Gründen nicht vor, Einwanderer wirklich aufzunehmen und in unsere Gesellschaft zu integrieren.

Und wenn man die Auseinandersetzung um die »Leitkultur« verfolgt, stellt man mit Schrecken fest: Nur wenige können mit dem Begriff »Deutsch« etwas anfangen, wenn er mit »Nation« oder »Kultur« zusammen benutzt wird. Man schaudert, postnational wie man ist, davor zurück – schließlich waren »deutsche Nation« und »deutsche Kultur« tragende Säulen des »Nationalsozialismus« – und hat keine Idee, wie man zeitgemäß formulieren könnte.

Unsere Scheu, Werte und Orientierungen für unser Gemeinwesen, für unsere Nation, zu identifizieren und vorzugeben, hat längst zu dramatischen Resultaten geführt. Orientierungslosigkeit, das Nichtkennen und -akzeptieren der Regeln sind die Folgen. Und, was fatal ist, wir lassen es zu, dass viele Versuche, in dieses Vakuum hineinzustoßen, von der Rechten kommen. Der in Teilen die Definitionshoheit zu lassen ist eine politische Dummheit.

Dass sich das noch nicht wirklich rächt, zeigt, wie robust unsere Demokratie ist.

Da wir also nicht wissen, wer wir sind und wer wir sein wollen, und sich die Politik und die Intellektuellen davor drücken, die Fragen klar und allgemeinverständlich zu beantworten, reichen wir die Probleme an die Institutionen weiter, die sich mit den Ergebnissen dieses Laisser-faire konkret und als Erste herumschlagen müssen: Polizei, Justiz und die Erziehungseinrichtungen.

Es ist also nicht verwunderlich, dass die Betroffenen die Initiative ergreifen. So schrieb die Lehrerschaft der Rütli-Schule in Berlin einen Hilfebrief an die Schulaufsicht. Die Schülerschaft der Rütli-Schule habe sich in den letzten Jahren so verändert, dass fast 35 Prozent der Schüler aus arabischen Familien stammen, 26 Prozent aus türkischen. Weniger als 27 Prozent der Schüler hätten einen deutschen Hintergrund.

Die Lehrer hielten ohne zu beschönigen fest, »dass die Stimmung in einigen Klassen geprägt ist von Aggressivität, Respektlosigkeit und Ignoranz uns Erwachsenen gegenüber. Die Gewaltbereitschaft gegen Sachen wächst: Türen werden eingetreten, Papierkörbe als Fußbälle missbraucht, Knallkörper gezündet und Bilderrahmen von den Flurwänden gerissen. Werden Schüler/innen zur Rede gestellt, schützen sie sich gegenseitig. Täter können in den wenigsten Fällen ermittelt werden. Unsere Bemühungen, die Einhaltung der Regeln durchzusetzen, treffen auf starken Widerstand. Auch von den Eltern bekamen wir bisher wenig Unterstützung in unserem Bemühen, Normen und Regeln durchzusetzen. Wir sind ratlos …«

Nun kümmert sich die Gemeinschaft um die Schule. Es dauerte zwar ein halbes Jahr, bis sich ein neuer Schulleiter gefunden hatte, aber es wurden arabisch und türkisch sprechende Lehrer angestellt, und die Schüler starteten gemeinschaftsbildende Aktionen. Und: Das Thema »Schulsprache ist Deutsch« wurde bundesweit diskutiert, mit dem Erfolg, dass selbst Schülervertreter an manchen Schulen beschlossen, auch in den Pausen solle auf dem Hof deutsch gesprochen werden. Sie wissen am besten, dass ausländische Kinder oft in der Obhut ihrer nicht deutsch sprechenden Mütter bleiben, nicht in Kindergärten gehen, wo sie im Spiel mit deutschen Kindern die Sprache im Handumdrehen lernen würden, und wenn sie in die Volksschule kommen, gibt es kaum Sprachunterricht.

Die »Fremden« können so keinen Bezug zur deutschen Kultur entwickeln. Sie sehen die Verhaltensregeln der deutschen Gesellschaft als Regeln einer fremden Gemeinschaft an, die sie nichts angeht. Und daran ändert sich auch nichts, wenn sie aus praktischen Erwägungen beschließen, den deutschen Pass zu beantragen.

Die Staatsbürgerschaft wurde bisher von deutschen Behörden mit der gleichen bürokratischen

Blindheit vergeben wie eine Kfz-Zulassung. Das haben deutsche Richter in den vergangenen Jahren immer häufiger gerügt. Vor ihnen landeten schließlich Angeklagte, die ganz bewusst gegen die deutschen Regeln verstoßen hatten, weil sie die deutschen Gesetze nicht als für sie gültig anerkannten.

Im Prozess gegen den islamischen Hassprediger Metin Kaplan kam der Vorsitzende Richter darauf zu sprechen, dass viele Zeugen mit einer kaum zu glaubenden Unverfrorenheit erklärten, dass für sie auch hier in Deutschland nicht die deutschen Gesetze, ja nicht einmal die deutsche Verfassung, sondern das islamische Recht, die Scharia, maßgeblich sei. Während des Prozesses war aufgefallen, dass einige der Befragten kaum Deutsch sprachen, was die deutschen Behörden allerdings nicht daran gehindert hat, ihnen die deutsche Staatsbürgerschaft zuzuerkennen.

Die Richter im Al-Tawhid-Prozess gegen vier muslimische Terroristen klagten sogar: »Der Senat hat geradezu ungläubig feststellen müssen, dass er vier Zeugen hat überführen können, unter falschem Namen die Einbürgerung in Deutschland erschlichen zu haben. Es scheint jedenfalls dringend geboten, die Maßstäbe und Kriterien und vor allem die Handhabung bei der Umsetzung des Ausländer- und Einbürgerungsrechts zu prüfen. Schließlich soll der Vollständigkeit halber nicht unerwähnt bleiben, dass nahezu sämtliche eingebürgerten Zeugen nur mit Hilfe der Senatsdolmetscher vernommen werden konnten; nahezu keiner sprach ein für die Zeugenaussage in seinem Einbürgerungsland Deutschland hinreichendes Deutsch.«

Kopf oder Bauch

Berliner Taxifahrer sind berüchtigt für ihre Ruppigkeit. So war Professor Richard Schröder, als er »Unter den Linden« die Tür zu einem Taxi öffnete, auf einiges gefasst, nur nicht auf die klassischen Töne, die ihm sanft entgegenschallten. Mozart. Der Fahrer stammte aus dem Libanon.

Richard Schröder fragte, ob ihm klassische Musik gefalle. Ja, antwortete der Taxifahrer, er liebe deutsche Musik, und noch mehr schwärme seine im Libanon lebende Schwester für diese Klänge. Sie bäte ihn zwar, CDs zu schicken, aber er kenne die Namen der Komponisten nicht. Ob sein Fahrgast ihm welche nennen könne?

Der Professor begann aufzuzählen.

Da bat ihn der Fahrer, langsam zu buchstabieren, denn er wolle die Namen der Komponisten – während der Fahrt! – aufschreiben. Bach, Händel, Brahms sagte Schröder an und noch viele mehr. Jedes Mal, wenn ein Name fiel, rief der Taxifahrer: Ach so, Bachstraße in Tiergarten, Händelallee im Hansaviertel. Der Libanese hatte alle Straßennamen für die Taxifahrerprüfung lernen müssen, verstand aber erst jetzt, warum diese Straßen so heißen. Wissen ist gut für die Orientierung.

Weiß der Taxifahrer nur, wo die Bachstraße liegt, kann er sich geografisch orientieren. Aber er kann mit dem Namen nichts anfangen. Vielleicht denkt er an einen rauschenden Bach. Er kann einen Kunden zur Lisztstraße fahren, ohne eine Ahnung von dem Komponisten Franz Liszt zu haben, und wundert sich vielleicht nur, wie seltsam die »List« geschrieben ist.

Sind ihm aber die Komponisten bekannt, dann wird der Fahrer möglicherweise auch ahnen, wo die Schumannstraße liegt, selbst wenn er es geografisch nicht genau im Kopf hat. Vielleicht sagt ihm der Kunde: Die Straße liegt im Musikerviertel. Schon kann er sich an Bach, Händel oder Liszt orientieren.

Auch solche kulturellen »Orientierungshilfen« benötigt jeder Bürger, um sich in seiner Gesellschaft zurechtzufinden. Es erleichtert einfach den Umgang miteinander, wenn man sich auf etwas Gemeinsames aus Kultur, Geschichte, aus Bräuchen und Traditionen beziehen kann.

Gut erzogene Kinder lernen schon früh, nicht dazwischenzureden, danke zu sagen, wenn sie ein Geschenk erhalten, bitte zu sagen, wenn sie etwas möchten. So banal sind die ersten Leitlinien des Verhaltens. Später kommen andere dazu: wie ein Mann sich einer Frau gegenüber verhält. Wenn er besonders galant sein will, hält er ihr die Tür auf, hilft ihr in den Mantel und wickelt die Blumen aus, wenn er ihr welche schenkt.

Manch einer mag zu Recht klagen, dass es diese »gut erzogenen« Kinder immer weniger gibt. Aber das war schon immer so. Innerhalb jeder Gemeinschaft hält sich ein mehr oder minder großer Teil der Menschen nicht an die kulturellen Normen und Gegebenheiten. Sie werden deshalb von den anderen als »unkultiviert« oder »unzivilisiert« gescholten. Und man sagt abfällig von ihnen, sie wüssten nicht, wie man mit Messer und Gabel isst.

Deshalb ist es ist wichtig, die eigene Kultur zu kennen. Denn nur wer seine Kultur kennt, kann auch ein kritisches Verhältnis zu dem in seiner eigenen Umgebung Üblichen entwickeln. Selbst wer sich außerhalb solcher Normen und Werte stellt, wer sie – aus welchen Gründen auch immer – brechen oder weiterentwickeln will, der ist darauf angewiesen, dass es sie gibt, dass jeder sie kennt und die allermeisten sich an ihnen orientieren. Wobei Kritik eine wesentliche Voraussetzung für ein funktionierendes Regelwerk ist, denn im schlechten Sinne konservativ ist, wer auf dem Bestehenden beharrt, obwohl die Gegebenheiten sich geändert haben. Schließlich bleibt nicht alles auf Ewigkeit gut, was sich über die Zeiten ansammelt. Häufig wird aber die eigene Routine, das einmal Gelernte als das allein Richtige eingestuft. Daraus entstehen Borniertheit und Intoleranz. Aber nicht nur das. Daraus entsteht auch die Ablehnung jedes Fremden, wozu ein Mangel an Bildung, die Angst um das vertraute Eigene verstärkend hinzukommen. Man kann nämlich Werte und Orientierungen, kurz einen Standpunkt, nur dann verändern oder sogar aufgeben, wenn man einen hat. Wer keinen hat, der ist wie eine Flipperkugel; er ist nicht der Spieler, er wird gespielt.

Einen Standpunkt zu haben und trotzdem offen zu sein für Kritik und Fremdes schützt auch davor, aus der Fassung zu geraten.

Voller Entsetzen berichtete einst Nathalie Duhamel, die Pressesprecherin von Staatspräsident François Mitterrand, von einem Gespräch bei einem Staatsdiner im Weißen Haus in Washington. Sie war neben einen rotgesichtigen, kräftigen Amerikaner gesetzt worden. Er streckte ihr seine Hand entgegen und stellte sich vor.

»What do you do?«, fragte er. Und Nathalie Duhamel erklärte es. Aus Höflichkeit stellte sie dem Amerikaner die gleiche Frage.

»I make money!«, brüstete er sich stolz und wusste nicht, dass er damit gegen ein französisches Tabu verstieß. Eine solche Antwort würde in Frankreich nicht einmal der großspurigste Neureiche geben. In der französischen Gesellschaft spricht man nicht über Geld. Das Gespräch am Tisch des Weißen Hauses verlief danach äußerst einsilbig.

Und der bekannte französische Germanist und Übersetzer von Süskind und Grass, Bernard Lortholary, brachte einst zu einem Besuch bei deutschen Freunden in Berlin eine gekühlte Flasche

Champagner mit. Die Gastgeber legten die Flasche in den Eisschrank. Und da blieb sie. Zurück in Paris erzählte Lortholary voller Verwunderung von den ungehobelten Deutschen. Er hatte erwartet, dass die Freunde, wie es in Frankreich üblich ist, die Flasche öffnen und gemeinsam mit dem Gast austrinken würden.

Im Gegensatz zu so »weichen« Orientierungsfeldern wie Stil, Takt, Höflichkeit und Verständnis für andere, an die man sich halten kann, wenn man nicht sozial als Gauner, Rüpel, Lügner geächtet werden will, gibt es kodifizierte, aufgeschriebene Regeln wie Gesetze und Verordnungen. Die respektiert man, weil Strafen drohen. Aber neben dem, was staatlich fixiert ist, gibt es eben immer auch die Orientierung an den Gewohnheiten, am »Üblichen«. Wie verloren und hilflos ein Mensch sein kann, wird er möglicherweise schnell bei einer Reise in ein ihm fremdes Land erleben, in dem er weder die Sprache noch die Kultur kennt.

Ein Flug nach Tokio reicht aus. Kein Schild ist lesbar. Kein Mensch auf der Straße spricht Deutsch oder wenigstens Englisch. Da erfährt man am eigenen Leib, wie viel »Übliches« es allein im täglichen Umgang miteinander gibt. Gleiches gilt, wenn der japanische Bürger aus Tokio nach München aufbricht, ohne die hiesige Sprache und Kultur zu kennen: Die Maßstäbe, die Orientierung bieten könnten, fehlen.

Ich erinnere mich an amerikanische Touristinnen, die nach einem Kurztrip durch den »alten Kontinent«, gemäß dem Motto »see Europe in three days, pope included«, in das Flugzeug nach Hause einstiegen und jubelten: »Back to civilisation!« Sie meinten damit: zurück dorthin, wo sie entspannen können, weil sie wissen, wie man sich grüßt und ansieht, wo Kopfschütteln eindeutig nein bedeutet, wo sie wissen, wie man richtig isst, trinkt und feiert, kurz: wo für sie alles »selbstverständlich« ist.

Es erleichtert das Leben ungemein, wenn einem die Verhaltensregeln so üblich erscheinen, dass man sie unbewusst befolgt.

Selbst wenn Menschen ihre Heimat verlassen haben und schon länger in einer anderen Kultur leben, fällt es ihnen oft schwer, sich von den mitgebrachten Traditionen zu trennen. Da ist es kulturell bereichernd, wenn statt des Teebeutels der Samowar zum Einsatz kommt, es ist eine zu diskutierende Frage, wann und wo das »Kopftuch« getragen werden darf, aber es ist eine Katastrophe, wenn ein kleines Mädchen an den Genitalien beschnitten oder gar eine Frau der »Familienehre« wegen einem Mord zum Opfer fällt.

Hier muss – Klartext geredet! – eine klare Trennlinie gezogen werden, welche fremden Sitten, Werte, Traditionen willkommen sind und welche nicht.

Mord und Ehre widersprechen sich. Ehre hat mit Menschenwürde zu tun, Mord verletzt sie aufs Grausamste.

Ich beziehe mich nochmals auf das Urteil eines deutschen Gerichts, das einem Mörder mildernde Umstände zusprach, weil er eine Frau aus »Ehre« getötet hatte. Diese Tat sei im Kulturkreis des Angeklagten verankert. Grundlage für ein solches Urteil war sicher mangelndes Selbstbewusstsein des deutschen Richters. Aus Sorge, er, der Deutsche, könnte die gesetzlichen Regeln gegenüber einem Menschen aus einem anderen Kulturkreis zu streng anwenden, war er zu milde. In seiner Entscheidung schwang die Furcht mit, eine rassistische Entscheidung zu treffen, eine Furcht, die begründet ist in unserer nationalsozialistischen Vergangenheit. Mord aber ist Mord und bleibt Mord, und ein Mensch aus einem anderen Kulturraum ist nicht geistesgestört oder krank, wofür mildernde Umstände in Rechnung gestellt werden könnten. Er ist, liegen keine von unserer Rechtskultur vorgesehenen anderen Umstände vor als die, dass er oder seine Eltern aus einer anderen Kultur stammen, voll schuldfähig. Da gilt es, die deutschen Gesetze klar anzuwenden. Und übrigens: Ist die Haltung des Richters, der den Vorwurf des Rassismus vermeiden will, im Kern nicht vielleicht sogar eben das – rassistisch? Auch wenn der Verurteilte davon profitiert?

Viele nah beieinanderliegende Kulturkreise haben manche Gemeinsamkeiten. Menschen aus diesen Gesellschaften fällt es leichter, von dem einen in das andere Land zu wechseln. Denken wir nur daran, wie leicht wir uns in Österreich und im deutschsprachigen Teil der Schweiz im Alltag bewegen. Das trifft also vor allem auf Sprachen und sogenannte Sprachfamilien zu. Weil Französisch, Spanisch und Italienisch den gleichen lateinischen Stamm haben, lernen Schüler aus diesen Ländern die Sprache des Nachbarn leichter. Europäisch-christlich geprägte Kulturen – sagen wir Frankreich, Polen und Deutschland – ähneln sich eher als ein mitteleuropäisches und ein islamisch-arabisches Land. Deshalb haben Italiener oder Spanier es leichter, wenn sie nach Deutschland ziehen, als Kurden oder Türken.

Trotzdem gibt es auch bei den kleinen Dingen des Lebens erhebliche Unterschiede. Nehmen wir als Beispiel die Rolle von Mann und Frau.

Zum Beispiel schildert der Journalist Vincenzo Velella das – für Deutsche – ungewöhnliche Verhalten seines Vaters. Velellas Eltern waren 1961 aus Eboli in Italien nach Deutschland gezogen. Dort gingen die Kinder zur Schule. Aber wenn sein Vater keine Vormittagsschicht hatte, so Velella, »platzte mein Vater in Deutschland anfangs in die Schulhalle, um nachzusehen, worin denn der Sportunterricht meiner Schwester bestünde. Er war nicht der einzige Italiener, der dies tat. Grund war keineswegs nur die in der muslimischen Welt beobachtbare Fixierung auf die Jungfräulichkeit der Töchter, aber auch schlicht die Tatsache, daß den Eltern, die beide nur die Grundschule besucht hatten, das Konzept der Koedukation fremd war. Wer sich zu früh auf Männer einließ, teilte das Schicksal jener, auf die Männer sich nie eingelassen hatten – der alten Jungfern, die niemand heiraten wollte und die deshalb im Haus der Eltern blieben.«

Wie soll aber derjenige, dem schon Verständnis für das Kleine fehlt, Orientierung finden, wenn es um große Dinge geht? So erinnere ich mich an das Gespräch mit einem Redakteur von »ARD-aktuell«, als ich Korrespondent in Paris war. Er rief mich einige Tage vor dem 14. Juli, dem französischen Nationalfeiertag, an und bat um einen Bericht über den Militarismus der Franzosen. Schließlich hätten die Russen ihre großen Militärparaden aufgegeben, auch in China, selbst in Rumänien gebe es keine mehr. Das einzige Land auf der Welt, das noch voller Inbrunst mitten in seiner Hauptstadt auf der schönsten Avenue der Welt, den Champs-Élysées, an seinem Nationalfeiertag Soldaten aufmarschieren, Panzer rollen und darüber Düsenbomber donnern lasse, das sei Frankreich.

Der Redakteur verzichtete auf den Bericht, nachdem er verstanden hatte, dass es sich bei dieser Parade auf den Champs-Élysées nicht um Militarismus handelt, sondern um ein Ereignis, das mit der nationalen Identität der Franzosen und ihrem Geschichtsbewusstsein zusammenhängt. Ihm half zu wissen, welche Bedeutung die Armee für die französische Republik besonders am Gedenktag der Erstürmung der Bastille hat. Als deutschen Zeugen bemühte ich Goethe.

»Sie wissen doch, was er zur Schlacht von Valmy geschrieben hat.«

»Valmy?«

Johann Wolfgang von Goethe, der die Truppen des Herzogs von Sachsen-Weimar-Eisenach begleitet hatte, charakterisierte die Schlacht von Valmy mit den Worten: »Von hier und heute geht eine neue Epoche der Weltgeschichte aus, und ihr könnt sagen, ihr seid dabei gewesen.«

In Valmy schlug ein französisches Freiwilligenheer unter den Generälen Dumouriez und Kellermann die Preußen im September 1792.

Und dann erklärte ich dem Kollegen, der den französischen Militarismus dargestellt haben wollte, was dieser Triumph für die Franzosen bedeutete: Damit siegten die Revolutionäre im Namen von Freiheit, Gleichheit, Brüderlichkeit über den österreichischen und deutschen Adel, der wiederum seine Truppen für den Erhalt der Monarchie in Frankreich einsetzte. Nach der gewonnenen Schlacht von Valmy eroberten die Revolutionssoldaten Savoyen, das gesamte linke Rheinufer und die Niederlande. 1795 beendeten die Franzosen den Krieg siegreich. In den eroberten Gebieten wurden revolutionsfreundliche Regime wie die Mainzer Republik und die Batavische in Holland installiert.

Geschichte lebt nun einmal in der Gegenwart fort.

200 Jahre nach der Revolution feierten die Franzosen die Schlacht von Valmy zwei Tage lang. Denn

auf diesen Sieg folgte nicht nur die Einrichtung des allgemeinen Wehrdienstes, der zur Schule der Nation erklärt wurde, sondern auch – ganz demokratisch – die bisher nur Adeligen vorbehaltene Möglichkeit, General und Marschall zu werden. Valmy heißt, so erklärte der damalige Verteidigungsminister Jean-Pierre Chevènement, die Volkssouveränität in Waffen.

In allen Kulturen bleibt also Vergangenes lange am Leben. Wer die Geschichte der Reformation oder die des Dreißigjährigen Krieges kennt, der kann so manches typische Verhalten in Deutschland verstehen. Selbst im unseligen Hermann-Mythos, der noch in deutschen Köpfen herumgeistert, verstecken sich – wie wir noch sehen werden – Allmachtsfantasien, die sich bis zu den Gräueln der Nazis verfolgen lassen.

Leiden am Leiten

In unserer Welt wird viel »geleitet«: das Christkind »leite(t) an der lieben Hand«, die Leitplanke führt das schleudernde Auto zurück auf den rechten Weg. Der Leitzins bekämpft die Inflation. Das Leitmotiv, als deutscher Begriff inzwischen in so mancher Fremdsprache geläufig, führt seit Carl Maria von Weber durch Symphonien, seit Richard Wagner durch Opern – und durch Filmmusiken à la Star Wars.

Das Leitfossil verfügt sogar über eine eigene Website!

Doch wenn die Begriffe »Kultur« und »leiten« miteinander in Verbindung gebracht werden, dann spaltet dies die Geister in Deutschland.

Das hat, wie so vieles bei uns, wieder einen historischen Grund. Das lateinische Wort für »leiten« ist »ducere«. Was an den »Duce« erinnert, wie sich der Faschistenführer Mussolini nennen ließ. Im Grimm'schen Wörterbuch steht, bei dem Verb »leiten« trete »das Bestimmen einer Richtung und eines Zieles für einen Weg hervor, wobei dieses gewöhnlicher durch persönliche Führung als durch Bestimmung aus der Ferne, durch Befehl oder Beschreibung gedacht wird«.

Da ist es also wieder, das leidige Wort »führen«, und reflexhaft denken wir an – »den Führer«.

Deshalb ist es diese Verbindung in der Bedeutung von »leiten« und »führen«, die manche Skeptiker daran hindern, Leitung oder gar Führung zu denken oder zu sagen, wenn es um deutsche Kultur geht. – Und sie merken gar nicht, wie falsch sie damit liegen.

So erklärte der Dramatiker Rolf Hochhuth dem Literaturkritiker Hellmuth Karasek, er habe nie den »Führerschein« gemacht, weil darin das Wort »Führer« vorkomme. Und noch im letzten Akt seines Ende 2003 veröffentlichten und Anfang 2004 aufgeführten Stücks »McKinsey kommt« gibt Hochhuth die Regieanweisung: »Auf das Wort ›Führer‹ konnten wir Deutschen nicht einmal bei ›Führerschein‹, unserem herznächsten Papier, verzichten, als wir nach des Führers Tod die Republik gründeten! Die DDR sagte vernünftig ›Fahrerausweis‹. Als die DDR kampflos der BRD zugefallen war, verfügten die Bonner Okkupanten, auch drüben im Restdeutschland heiße es fortan ›Führerschein‹.«

Das ist sachlich nicht ganz korrekt, denn in der DDR hieß es Fahrerlaubnis und spätestens seit 1987 auch Führerschein (das haben die »Ossis« ganz allein eingeführt), doch Hochhuths Verhalten zeigt die Scheu, ja gar den Ekel, vor dem Wort »Führer«. In seiner Strenge ist Hochhuth sehr deutsch. Er bestimmt als Kritiker die Gebote und Verbote.

Hellmuth Karasek machte sich darüber lustig: »Ich habe ja, obwohl man in meiner Kindheit mit erhobenem Arm ›Heil Hitler!‹ grüßte, was damals alles andere als komisch war, ›Heil Hitler!‹ und ›Sieg Heil!‹, trotzdem im Nachkrieg, so es ihn gab, Heilbutt gegessen und Heilkräutertee getrunken, lächerlich. Aber vielleicht war es gut, dass der ständig hyperventilierende Hochhuth, ein hochnervöses Kerlchen, in jungen wie alten Jahren, nicht eigenhändig am Steuer saß. Es war für alle besser so!«

Es wäre, so gesehen, wohl nichts gegen einen Begriff wie »Leitkultur« einzuwenden, wenn er nicht grundsätzlich falsch wäre. Denn entweder gehört etwas zu unserer Kultur, dann leitet es uns – oder es gehört eben anerkanntermaßen nicht dazu. »Leitkultur«, nähmen wir den Begriff ernst, bedeutete, dass jemand etwas innerhalb einer Kultur auswählt und dies als Richtschnur vorgibt. Das kann jedoch nur die Gemeinschaft. Diese Definition verbietet sich aber auch deshalb, weil sich in jeder Kultur unendlich viele verschiedene Elemente versammeln. Neben dem alltäglich Üblichen, den besagten »Kleinigkeiten«, entstehen aus der Kultur die Sitten, die Werte und schließlich das, was Juristen die normativen Regeln nennen, also Verfassung, Gesetze und verbindliche staatliche Regelungen. All das zusammen ergibt, was die antike

Philosophie die »lebendige Sittlichkeit eines Volkes« nennt.

Alle Verhaltensmuster entwickeln sich zuerst im Alltag. Erst wenn sie an Bedeutung gewonnen haben und Verstöße dagegen von einer Mehrheit in einer Gesellschaft als schädlich oder unpassend angesehen werden, werden sie möglicherweise in das staatliche Regelwerk als Gesetz oder Verordnung integriert. Andersherum werden mit der Veränderung gesellschaftlicher Sichtweisen manche Gesetze auch wieder abgeschafft. Meist allerdings erst, wenn sie als völlig unzeitgemäß gelten, wie der Paragraf 175 des Strafgesetzbuchs, der Homosexualität unter Strafe stellte und erst um die Wende zu den Siebzigerjahren reformiert wurde, bis er 1994 schließlich ganz verschwand.

Heute nun soll das Rauchen in der Öffentlichkeit immer mehr eingeschränkt werden, weil es gesundheitsschädlich ist. Durfte bis zum Beginn des 21. Jahrhunderts jeder Raucher seine Zigarette, Zigarre oder Pfeife anstecken, wo er wollte, wird jetzt Schritt um Schritt seine Freiheit durch staatliche Vorgaben eingegrenzt. Dagegen darf sich auf deutschen Autobahnen jeder bei Tempo 200 den Schädel einrennen und auch das öffentliche Trinken von Alkohol – durchaus auch der Gesundheit nicht immer zuträglich – hat den Segen der Mehrheit der Gesellschaft.

Man sieht, wie sich Werte verändern, und sogar,

wie widersprüchlich kulturelle Moden sein können.

Zur jeweiligen Kultur eines Landes gehört auch die Art und Weise, wie aus den allgemeinen Menschenrechten gesetzliche Gebote und Verbote entwickelt werden. Allerdings lassen sich nicht alle staatlichen Maßnahmen, etwa Zollabgaben oder Steuergesetze, aus den Menschenrechten oder anderen moralischen Werten herleiten.

Wer aber zum Umsturz aufruft, wer einen islamistischen Staat predigt und ein Kalifat in Köln ausruft, der kann sich nicht auf Menschenrechte, Toleranz und eine »multikulturelle« Gesellschaft berufen, der wird verurteilt, wenn möglich sogar außer Landes gebracht, und nicht nur höflich auf die Einhaltung unserer kulturellen Spielregeln verwiesen.

Mit vielen Erscheinungsformen unseres Alltags, mit dem »alltäglich Üblichen«, verhält es sich aber anders. Die Sitten, die sich aus heidnischen Bräuchen, aus den Religionen, aus fremden Einflüssen oder auch aus regionalen Eigentümlichkeiten entwickelt haben, sollte jeder einhalten, der Wert darauf legt, von den »Einheimischen« freundlich empfangen zu werden. Wer sich nicht daran hält, der wird zwar nicht sofort von der Obrigkeit zurechtgewiesen, aber wer sich unfreundlich, boshaft oder ungesittet benimmt, der erlebt gesellschaftliche Ablehnung, vielleicht sogar Ächtung. Und das gilt für Einheimische wie für Zugewanderte gleichermaßen. In diesem Sinne »führt« jede Kultur ihre Mitglieder ganz von allein, und jegliches Reden von einer »Leitkultur« zeigt nur, dass derjenige, der den Begriff benutzt, entweder nicht verstanden hat, wie die soziale Welt funktioniert, oder sich in der nie stillstehenden Debatte um Werte und kulturelle Inhalte mit unlauteren Mitteln einen populistischen Vorteil verschaffen will.

Kultur, Zivilisation oder was …

Nur Deutsche können auf die skurrile Idee kommen, ein Reisenecessaire »Kulturbeutel« zu nennen, so als bestehe Kultur aus Seife, Zahnpasta, Deo, Parfüm, Rasierschaum und aus weiß der Teufel, was der deutsche Reisende noch so alles in seinem Gepäck mit sich herumschleppt. Die Streiter für eine Leitkultur könnten sich entsprechend darin versuchen, den Inhalt eines Leitkulturbeutels zu definieren. Mal sehen, ob sie sich einigen können. Wahrscheinlich aber war der Erfinder des »Kulturbeutels« ein Schelm, der im Sinn hatte, dass »Kultur« vom lateinischen »cultura« kommt, was die Pflege des Geistes, aber eben auch des Körpers bedeutet.

»Kultur« gehört, das will dieser Vorspann sagen, zu den Schlüsselbegriffen, wenn es um das Nachdenken über den Menschen geht. Was also meinen wir, wenn wir von »Kultur« sprechen?

Die erste moderne Definition von »Kultur« stammt von dem Anthropologen Edward B. Tyler aus dem Jahr 1871, und sie passt auch heute noch: Kultur sei »jener Inbegriff von Wissen, Glauben, Kunst, Moral, Gesetz, Sitte und allen übrigen Fähigkeiten und Gewohnheiten, welche der Mensch als Glied der Gesellschaft sich angeeignet hat«.

Tyler scheint eine universelle Kultur im Sinn gehabt zu haben, sonst hätte er in seiner Aufzählung nicht auf zwei wesentliche Elemente verzichtet, die einzelne Kulturkreise ganz wesentlich voneinander unterscheiden:
- die Sprache und
- die Geschichte.

Dem Engländer zum Beispiel bedeutet »culture« Gemeinschaft, aus der Identität hervorgeht. Aus den englischen Lehrbüchern lernen Schüler, dass die Vielfalt ethnischer Kulturen im Mittelpunkt der englischen Selbstdefinition steht. Die Kinder nehmen so das Bild einer Nation auf, die sich aus verschiedenen ethnischen Gruppen unter dem Dach einer gemeinsamen britischen Identität zusammensetzt.

In Frankreich wird »Kultur« dagegen mit »civilisation« gleichgesetzt und steht damit in radikalem Widerspruch zu der britischen Gleichung »culture = community = identity«. Für die Franzosen gilt Zivilisation als universales Ziel. Ein Ziel, das häufig auch mit dem Begriff »Republik« und deren Werten »Freiheit, Gleichheit, Brüderlichkeit« zusammen gesehen wird. Und ganz wie die Revolution es sie gelehrt hat, bedeutet Fortschritt für die Franzosen, ein höheres Maß an Gleichheit und Rationalität zu erreichen. Alle Kulturen und Religionen werden eingeladen, an der Verwirklichung dieses Ziels mitzuarbeiten. Die nationale Identität der Franzosen entwickelt sich deshalb nicht aufgrund der Zugehörigkeit zu einer bestimmten Kultur, sondern sie leitet sich aus der Teilnahme an einem universalen Zivilisationsprozess ab.

Die deutsche Geistesgeschichte unterscheidet dagegen zwischen Kultur und Zivilisation. Kant schreibt: »Wir sind durch Kunst und Wissenschaft cultiviert, wir sind civilisiert zu allerlei gesellschaftlicher Artigkeit und Anständigkeit.«

Noch in der ersten Hälfte des 20. Jahrhunderts wird diese Unterscheidung zwischen Kultur und Zivilisation ideologisch als Kampfbegriff gebraucht, etwa wenn Oswald Spengler »deutsche Kultur« als Tiefe und Geistigkeit gegen die »Zivilisation« der Franzosen ausspielt, die nichts anderes bedeute als moderne, westliche Oberflächlichkeit.

Auch wenn dieses Denken noch in einigen Köpfen herumspukt, heute stehen Kultur und Zivilisation gleichberechtigt nebeneinander, wobei »Kultur« mehr für Moral, Tugend und Stil steht, während »Zivilisation« auch die Aspekte des technischen und wissenschaftlichen Fortschritts enthält.

Der moderne Kulturbegriff geht selbstverständlich von einem flexiblen Konzept aus. Der Kulturanthropologe Clifford Geertz beispielsweise definiert Kultur als »Gewebe«, welches sich ständig in

Herstellung und Wandlung befindet, und nimmt dabei direkten Bezug zu Max Weber und dessen Bild eines »selbst gesponnenen Bedeutungsgewebes«, in das der Mensch verstrickt ist.

Zur Kultur gehört, dass die Mitglieder einer Gemeinschaft praktisch aushandeln, nach welchen Regeln sie leben wollen. Sie wird also von unterschiedlichen gesellschaftlichen Gruppen gestaltet und spielt dann eine entscheidende Rolle bei der Sozialisation der gesamten Gemeinschaft. Dies sind Kernsätze, die für alle modernen Gesellschaften gelten könnten.

Die Kultur- und Sozialanthropologen um Werner Schiffauer haben festgestellt, dass sich das deutsche Verständnis von Kultur auch heute noch wesentlich vom französischen und englischen abhebt.

In Deutschland wird Kultur oft gleichgesetzt mit »Mentalität«. Nicht die Vision einer gemeinsamen Arbeit an republikanischen und demokratischen Werten steht hier an erster Stelle, sondern vollkommene Anpassung an eine über uns gekommene »deutsche Identität«. Das klingt immer noch verdächtig nach deutscher Schwerromantik, als wäre es eben nicht die »lebendige Sittlichkeit«, die sich immer neu bildet, sondern als schöpfe man diese Identität aus der Natur.

Wie die Deutschen ihr nationales Selbstbild im Nachkriegsdeutschland gezeichnet haben, untersuchte die Forschungsgruppe um Schiffauer anhand von Geschichtsbüchern, die im Bundesland Berlin verwendet werden.

Das Fazit lautet:

»(1) Das deutsche Volk wird als eine Schicksalsgemeinschaft konstruiert, die als kollektives Subjekt sozialen Tod und Wiedergeburt durchlaufen hat.

(2) Diese Gemeinschaft trägt eine gemeinsame Verantwortung für die nationalsozialistische Vergangenheit, die sich in der Verpflichtung ausdrückt, totalitäre Entwicklungen nicht mehr zuzulassen. Auf dieser Grundlage wird politische Identität im Wesentlichen negativ formuliert als ein ›Nie wieder‹; dagegen ist man sehr zurückhaltend, was die Formulierung einer positiven politischen Vision betrifft.

(3) Ein positives Selbstbild knüpft sich am ehesten an ökonomischen Erfolg, mit dem ein implizites politisches Projekt einhergeht, das auf den Wert gesellschaftlicher Solidarität abhebt und in der Idee des sozial gerechten Wohlfahrtsstaates sowie einer relativ starken Betonung redistributiver Maßnahmen seinen Ausdruck findet.«

Dieses Ergebnis zeigt nochmals deutlich, dass wir Deutschen unter dem kurzen, dafür aber entsetzlichen Teil unserer Geschichte, der Nazi-Diktatur, bis heute leiden. Deshalb trauen wir uns auch keine politische Vision zu. Allein der Begriff »Schicksalsgemeinschaft« lässt einen erschaudern. Schicksal ist der Inbegriff für den Eingriff unpersönlicher Mächte in das Leben des Menschen oder – in diesem Fall – der »Gemeinschaft«. Bei den alten Germanen bestimmten die Nornen das Schicksal. Diese Nornen sind eine blinde, drohende, unausweichliche Macht, vor der es kein Entrinnen gibt. Auch das Bundesverfassungsgericht hat in einem Urteil verkündet, dass die Deutschen eine »Schicksalsgemeinschaft« seien, aus deren Verbund ein Bürger nicht ausgeschlossen werden könne. »Die Folgen des Zweiten Weltkrieges, einer Besatzungsherrschaft und einer Nachkriegsdiktatur sind von den Deutschen als Schicksalsgemeinschaft zu tragen und als individuelle Unrechtserfahrung in bestimmten Grenzen auch zu tragen.«

Klartext: Ich meine, die »Schicksalsgemeinschaft« ist eine Ausrede. Denn wer sich hinter dem Schicksal, das ohne sein Zutun über ihn kommt, versteckt, der kann sich auch leichter aus der geschichtlichen Verantwortung stehlen. Nicht seine Vernunft oder Unvernunft bestimmt seine Handlungen, er ist vielmehr dem Schicksal als Spielball ausgeliefert. Und trägt so keine Verantwortung.

Ihr vermeintlich positives Selbstbild definieren die Deutschen deshalb hauptsächlich ökonomisch und berufen sich dabei auf materielle Werte, so der dritte Punkt im Fazit der Wissenschaftler. Dies hat sich durch den rasanten wirtschaftlichen Aufstieg nach 1945, den wir als »Wirtschaftswunder« bezeichnen, auch regelrecht angeboten. Ich bezweifle aber, dass es für eine Nation auf Dauer genügen wird, relativen Wohlstand und wirtschaftliche Stärke als einzigen Pfeiler ihrer Identität anzusehen. Die ökonomischen Krisen der letzten Jahre haben gezeigt, wie stark sie in der Lage sind, mehr zu erschüttern als die Wirtschaft – nämlich auch unser Selbstverständnis.

Eine funktionierende moderne Gesellschaft freiheitlich-demokratischer Prägung geht aber von Regeln aus, deren Ursprung in der Vernunft liegt. Und eine politische Vision, wie sie mit »Freiheit, Gleichheit, Brüderlichkeit« zum Beispiel Kern der französischen »Zivilisation« ist, hat nicht allein materielle Werte zum Ziel. Solche Werte, und das kann ich nicht häufig genug wiederholen, finden ihren Ursprung in der Menschenwürde und sind ethische Maßstäbe.

Dass dies alles andere als selbstverständlich ist, zeigt, wie mit dem Begriff »Wert« heute gespielt wird. Die Werbung versucht immer wieder, den materiellen Wert ihrer Produkte als ethischen Wert umzudeuten. Ein neues Auto, so beteuern uns die Hersteller, habe wegen einer möglicherweise lebensrettenden Erfindung einen neuen, anderen Wert. Wer ein solches Auto kauft, so die Suggestion, handelt »moralisch« gut. Aus ebendiesem Kurzschluss heraus sind wir auch Weltmeister im Dosenpfand, in der Mülltrennung und in jeder Form von »Biokost«. Aber müssen wir uns deshalb gleich für »gute«, ja moralisch »bessere« Menschen halten?

Häufig sagt man, man tue etwas für jemanden, weil der es »wert« sei. Das klingt, als sei es »moralisch«, es mag gar als ethisch korrektes Verhalten angesehen werden, ist es jedoch nicht. Denn erst wenn unser Handeln nicht durch ein Gefühl motiviert wird, gilt es als ethisch. Die Vorgabe muss lauten: Ich tue es, weil es getan werden muss. So will es die bereits zitierte goldene Regel: »Was du nicht willst, das man dir tu', das füg auch keinem andern zu.«

Der amerikanische Präsident John F. Kennedy hat diesen Gedanken bei seinem Amtsantritt im Januar 1961 modern formuliert: »Frag nicht, was dein Land für dich tun kann, frag, was du für dein Land tun kannst.« Dieser Satz findet überall Zustimmung und wird deshalb von Sonntagsrednern und Politikern gerne zitiert. Nur leider wird er selten befolgt. Denn gemeint ist immer der andere. Der könnte ja mal etwas für sein Land tun.

Doch zurück zu den Deutschen und ihrer Fixierung auf die Nazi-Diktatur. Keine Nation kann auf Dauer ihr Selbstbewusstsein aus einer negativen Definition entwickeln. »Nie wieder Auschwitz« kann und soll zwar ein wesentlicher, aber nicht ein ausreichender Bestandteil der deutschen Identität sein. Zudem ist der Begriff »Identität« vielen Deutschen, vor allem der älteren Generation – Politikern wie Wissenschaftlern –, besonders suspekt, wenn sich die Gesamtheit, eine ganze Nation, darin wiederfinden soll.

Horst Ehmke, Jahrgang 1927, Juraprofessor und SPD-Politiker, unter anderem Kanzleramtsminister unter Willy Brandt, schrieb in einem Aufsatz über »Deutsche Identität und unpolitische Tradition«: »Warum diese Jagd nach vermeintlicher deutscher ›Identität‹, woher die darin zum Ausdruck kommende politische Unsicherheit, die durch Beschwörung eines ›Verfassungspatriotismus‹ kaum zu beheben sein wird? ... Vor allem entspringt sie der Tatsache, dass wir mit unserer Vergangenheit immer noch nicht im Reinen sind.«

Zu denen, die wie Ehmke denken, gehört auch der ehemalige Bundespräsident Roman Herzog, der in seiner Rede zum Tag der Deutschen Einheit am 3. Oktober 1994 kurzerhand die Existenz einer deutschen Identität bestritt: »Wer über dieses Thema spricht, von dem werden heute mehr Wehklagen als Aussagen erwartet. Aber daran will ich mich nicht beteiligen, zumal ich immer noch keinen gefunden habe, der mir erklären könnte, was ›nationale Identität‹ eigentlich ist – ›nationale Identität‹, die uns angeblich fehlt und die wir angeblich dringend benötigen.«

Aber allen Zauderern zum Trotz: Es gibt sie, die nationale Identität – und man braucht sich nicht vor ihr zu fürchten.

Hänschen klein ging allein

Die Deutschen können ganz ruhig sein. Es ist kein deutsches Phänomen, mit seiner nationalen Identität zu hadern. Auch die Franzosen haben jetzt Zweifel an ihrer Identität befallen. Diese »malaise français« hat Max Gallo, Schriftsteller und ehemaliger sozialistischer Minister unter François Mitterrand, im Jahr 2006 zu dem publizistischen Hilfeschrei veranlasst: »FIER d'être français.« »STOLZ, Franzose zu sein« nannte er seinen kämpferischen Essay, mit dem er die Franzosen aufrütteln wollte, sich zu ihrer Identität zu bekennen.

Das Wort »stolz« war fett und in Großbuchstaben gedruckt. Jemand müsse mal in den Ring steigen und es sagen, schrieb Max Gallo. Denn der Ankläger gebe es zu viele: Frankreich sei – geschichtlich gesehen – eine Nation, die Sklaverei praktiziert hat, und Sklaverei sei ein Verbrechen gegen die Menschlichkeit. Oder, noch toller, so Gallo: »Es ist Napoleon, der Hitler inspirierte und die Gaskammern erfand!«

Auch Frankreich hat plötzlich die negativen Seiten seiner Geschichte entdeckt, die Kollaboration mit den Nazis, den Transport der französischen Juden mit französischen Frachtzügen in die deutschen Gaskammern, die Folter in Algerien ... All dem hält Max Gallo jedoch den Ausspruch von Albert Camus entgegen: »Es ist gut, wenn eine Nation stark und ehrenhaft genug ist, den Mut aufzubringen, ihre eigenen Fehler zu benennen. Aber sie darf die Gründe nicht vergessen, weshalb sie sich selbst immer noch achten kann. Es ist jedenfalls gefährlich, von ihr zu fordern, sich allein schuldig zu bekennen, und sie zu einer ewigen Strafe zu verdammen.«

Aber während sich Max Gallo zur »französischen Identität« bekennt, wehrt sich der französische Philosoph Michel Serres vehement gegen die Verwendung dieses Begriffs: »Erbarmen; benutzen Sie das Wort ›Identität‹ nicht, wenn es sich um Kultur handelt, um Sprache oder Geschlecht, denn da bedeutet es Zugehörigkeit: Dieser Fehler wird schnell zum Verbrechen.« Serres geht in seiner Argumentation von dem Wort »carte d'identité« aus, der französischen Bezeichnung für den Personalausweis. Dieser Ausweis, der die Identität einer Person festlegt, hält bestimmte Merkmale fest: das Aussehen auf einem Foto, Name, Vorname, Geburtsdatum, Geschlecht und Nationalität. Und seit einiger Zeit auch biometrische Daten. Der Ausweis soll es Sicherheitsbeamten ermöglichen, jemanden schnell zu identifizieren.

Je mehr charakteristische Eigenschaften und besondere Merkmale zusammengetragen werden, um eine Person zu beschreiben, desto genauer lässt sich ihre Identität feststellen. Schwer zu erfassen sind allerdings die Charaktereigenschaften einer Person, die aber bei der Ausbildung von Identität eine große Rolle spielen. Denn die Identität einer Person (oder einer Sache) ist die völlige Übereinstimmung mit dem, was sie ist oder als was sie bezeichnet wird.

Etwas ist immer nur mit sich und nie mit etwas anderem identisch. So können zwei Dinge zwar gleich sein, aber nie identisch.

Von dieser Definition geht Michel Serres aus, wenn er sagt: Die Identität macht die Einzigartigkeit einer Person aus. Kein Mensch ist mit einem anderen identisch, aber alle Menschen sind gleich. Das bedeutet: Jedes Individuum verfügt über eine in sich einzigartige Persönlichkeit, aber alle sind gleich vor dem Gesetz, unabhängig von ihrer Stellung in Staat und Gesellschaft, von Familie und Geschlecht, von Beruf und Religion, von Aussehen und Kultur.

Durch die einzigartige Identität, so Serres, »sind Sie Sie selbst und niemand anders.« Deshalb verbiete es sich, von kollektiven Identitäten zu sprechen. Er unterscheidet Identität von Zugehörigkeit. Durch die Zugehörigkeit zu einer Gemeinschaft »gehören Sie zu den Franzosen oder den Algeriern, zu den Braunhaarigen oder den Glatzköpfen, zum männlichen oder weiblichen Geschlecht, zu den Weißen oder Schwarzen …« Und da jeder Mensch im Laufe seines Lebens durch Reisen und Arbeit, durch Lesen und Hören, durch Kultur und Politik sich weiterentwickelt und hinzulernt, verändert er ständig seine Identität.

Michel Serres macht auch deutlich, weshalb er so vehement Stellung bezieht gegen den Gebrauch des Begriffs »Identität«, wenn es um Gemeinschaften, gar um eine Nation geht. Er wendet sich gegen die rechtsextreme Argumentation der »Front National«, deren Führer Jean-Marie Le Pen den Begriff der »identité française« für seine rassistischen Parolen gegen die maghrebinische Bevölkerung in Frankreich benutzt. Wer, nach Le Pens Meinung, die richtige Identität, die richtige Herkunft hat, der wird in das Kollektiv aufgenommen. Wer dem rechtsextremen Identitätsbegriff nicht entspricht, der wird ausgeschlossen. Alles nach dem Motto: Frankreich den Franzosen, Araber raus!

So politisch korrekt wie Serres denken auch viele Leute in Deutschland. Das ist ehrenwert und im Grunde möchte man Serres nicht widersprechen, denn er hat gute Argumente. Aber mit seinem Anliegen, auf diese Art Diskriminierungen zu verhindern, schafft er ein politisches Problem. Ganz offensichtlich gibt es eine Sehnsucht, auch von Gemeinschaften, auch von Nationen, den Begriff »nationale Identität« zu benutzen und ihn inhaltlich zu besetzen. Und in der Soziologie wie auch in der Philosophie ist der Begriff durchaus üblich geworden. Dem ist mit seiner Tabuisierung nicht beizukommen. Mir erscheint es deshalb besser, diesen Begriff »offensiv« und mit Ratio in einem gesellschaftlichen

Diskussionsprozess mit Inhalten zu füllen, statt ihn dem »Bauch« oder gar den Rechten zu überlassen.

Ich gebe denen recht, die sagen, stolz könne man nur auf etwas sein, was man selbst erreicht hat, auf eine Leistung. Wenn ich also in einer Gesellschaft bewusst mitarbeite, und sei es als kleines Rädchen, und diese Gesellschaft erweist sich als fried- und freiheitsliebend, prosperiert und ist sozial, darf ich dann nicht ein wenig stolz darauf sein? Das ist nichts Schlechtes und nichts Rechtes. Wir sollten es in Maßen wieder lernen. Denn wenn wir Ausländer in unsere Gesellschaft integrieren wollen, dann verlangen wir von ihnen, dass sie unsere Regeln kennen und anwenden lernen. Wie soll sich aber ein Einwanderer zu einer Gesellschaft bekennen, mit der sich noch nicht einmal deren Bürger identifizieren? Die nicht einmal selbst einen Begriff von sich hat? Um Missverständnisse zu vermeiden: Wenn hier von »nationaler Identität« die Rede ist, so bedeutet das nicht, dass die Gemeinschaft jeden Einzelnen mit einer festen Identität versieht, so wie mit einer Zwangsjacke. Identitäten können nicht fest gefügt sein, da die Menschen ständigen Lernprozessen ausgesetzt und, daraus folgend, Veränderungen unterworfen sind.

Zur nationalen Identität gehören die Sprache und die Geschichte sowie alles, was unter den Sammelbegriff »kollektives Bewusstsein« fällt. Dabei kann es auch um scheinbar ganz kleine Sachen gehen, die sich aber wie selbstverständlich ins kulturelle Gedächtnis einbrennen.

So kann ein Kinderlied Leben retten. Daran würde man, weil es so banal klingt, zunächst nie denken. Doch je nachdem, wer es singt und wer es hört: Beide können daran erkennen, woher sie kommen. Solch ein Lied hat zu Kriegsende dem deutschen Nobelpreisträger für Literatur, Günter Grass, das Leben gerettet. In seiner Autobiographie *Beim Häuten der Zwiebel* schildert er eine Begebenheit aus den letzten Kriegstagen. Als siebzehnjähriger Soldat der Waffen-SS-Division Frundsberg flieht er vor den Russen. Seine Kameraden hat er verloren. Vermutlich sind sie alle tot. Der junge Soldat versteckt sich im Wald, hat Todesangst: »Man sagt, es helfe, im dunklen Wald zu pfeifen. Ich pfiff nicht. Etwas, vielleicht meine ferne Mutter, gab mir ein, zu singen. Ohne zwischen eingeübten Marschliedern – zum Beispiel ›Erika‹ – und gängigen Filmschlagern, die kürzlich noch Marika Rökk gesungen hatte – ›In der Nacht ist der Mensch nicht gern alleine …‹ –, etwas Singbares zu suchen, kam mir ein der Situation gefälliges Kinderlied wie zwangsläufig über die Lippen. Ich sang so lange und wiederholte nur die eine Zeile, ›Hänschen klein ging allein …‹, bis ich auf den Beginn des Liedes Antwort bekam: ›… in die weite Welt hinein‹ …«

Vor lauter Angst wusste der siebzehnjährige Soldat nicht, wie er herausfinden sollte, ob noch ein anderer im Wald sei. Ob Freund oder Feind. Das veranlasste Grass, »Hänschen klein« zu singen. Er wusste, ohne dass er sich groß Gedanken machen musste, durch welches kulturelle Merkmal sich ein Deutscher von einem Russen unterscheidet, und fand so jemanden, der ihm helfen konnte.

Aus Zufall Deutscher

Der französische Staatsphilosoph Charles de Montesquieu trennte das Menschsein von der nationalen Identität der Person, indem er von sich sagte, er sei aus Notwendigkeit Mensch, aus Zufall Franzose.

Den Deutschen wurde lange Zeit vorgeworfen, sie würden genau umgekehrt denken. Der französische Anthropologe Louis Dumont beschreibt die Innenansicht eines Deutschen deshalb, ironisch, so: »Ich bin aufgrund meines Wesens Deutscher und dank meiner deutschen Qualität Mensch.«

Gewiss lässt Dumont sich von Vorurteilen tragen. Aber er macht damit klar, dass, wer seine Identität auf dem Gedanken aufbaut, von Geburt Mensch zu sein und allein aus Zufall Deutscher, der Gefahr entgeht, sein Deutschsein ernster zu nehmen als das Menschsein oder gar das Deutschsein über das Menschsein zu stellen.

Menschsein bedeutet, Menschenwürde zu haben. Deutscher zu sein bedeutet dagegen, einer Gruppe von Menschen anzugehören, zu deren Identität gewisse nationale Besonderheiten zählen.

Mit seiner Feststellung: »Ich bin aus Notwendigkeit Mensch und Franzose aus Zufall« stellt Montesquieu die Begriffe Notwendigkeit und Zufall genauso einander gegenüber wie Mensch und Nationalität. Mensch und Notwendigkeit entsprechen sich demnach ebenso wie Nationalität und Zufall.

Der Gegensatz von Notwendigkeit und Zufall bedeutet aber nicht nur, zwischen Menschsein und Zugehörigkeit zu einer Nation zu unterscheiden, sondern es ergibt sich daraus, dass Menschsein als ein absoluter Wert zu begreifen ist und die Zugehörigkeit zu einem Stamm oder einem Volk als ein relativer.

Der Mensch steht unter dem Schutz der allgemeingültigen Menschenrechte. Der Franzose, Deutsche oder Engländer kann zwar Respekt für seine nationalen Werte beanspruchen, doch allgemeingültig sind die nicht, sie können ja im Widerspruch zu denen einer anderen Nation stehen. Das bedeutet, der richtige Weg ist der einer differenzierten Wahrnehmung von Menschen. Niemand sollte mehr fragen, ob jemand Deutscher ist (und ihn im Zweifel mit dem Nazi-Klischee verbinden), sondern versuchen herauszufinden, wer dieser Mensch sein könnte, der – aus *Zufall* eine deutsche Identität hat.

Sich mit etwas zu identifizieren beginnt im Elternhaus. Dort lernt der Mensch sprechen, vielleicht Deutsch, vielleicht auch noch eine andere Sprache, sollte ein Elternteil aus einem anderen Land stammen. Zu Hause werden Kinderlieder gesungen,

Märchen erzählt, und jede Generation sieht ihre Fernsehserien. Und gewisse Personen oder Redewendungen – »Harry, hol schon mal den Wagen« – gehen in Fleisch und Blut über.

Schon als Kind isst man, je nach Region und sozialer Herkunft, bestimmte Gerichte, trinkt bestimmte Getränke. In der Familie werden bestimmte Verhaltensweisen gelehrt – und gelernt –, die universell sein, die aber auch lokalen Bräuchen entsprechen können. Genauso, wie die Familie mit ihrer eigenen Geschichte verbunden ist, so sind es auch der Ort, an dem die Person aufwächst, die Landschaft und das Land.

Kulturell verfügt jede Gemeinschaft über besondere Merkmale, deren herausragendes die Sprache ist. Und selbst in der kleinen Gemeinschaft der Familie werden besondere sprachliche Codes benutzt. Aus der gemeinsamen Erfahrung in der Gruppe entwickelt der Einzelne dann seine Identität fort. Vergangenheit, Gegenwart und Zukunft des Kollektivs spielen also eine Rolle bei der Bildung der individuellen Identität.

Die Nation, der sich der Einzelne zugehörig fühlt, wird geprägt durch die Wahrnehmung der gemeinsamen Abstammung, Sprache und Geschichte und durch etwas, das unter den Sammelbegriff »kollektives Bewusstsein« fällt. Alles zusammen bildet die »Identität« des Gemeinwesens aus. Eine solche Identität hat beispielsweise für den Philosophen Jürgen Habermas eine gesellschaftliche Bedeutung: »Erst das Bewusstsein der Zugehörigkeit zu ›demselben‹ Volk macht die Untertanen zu Bürgern eines einzigen politischen Gemeinwesens – zu Mitgliedern, die sich *füreinander* verantwortlich fühlen können. Die Nation oder der Volksgeist – die erste moderne Form kollektiver Identität überhaupt – versorgt die rechtlich konstituierte Staatsform mit einem kulturellen Substrat.« Aus dieser Definition folgt, dass ein jeder Bürger sich verantwortlich fühlen muss für den Zustand seiner Gesellschaft. Und daraus ergibt sich, dass er verpflichtet ist zu handeln, wenn sich Entwicklungen andeuten, die der Identität seiner Gesellschaft zuwiderlaufen.

Für Habermas, dessen Überlegungen von der Beschäftigung mit der deutschen Vergangenheit geprägt sind, hat eine Gesellschaft keine Identität wie ein Gegenstand oder eine Person, die in deren Einzigartigkeit besteht. Der deutsche Philosoph stellt ethische Bedingungen, die erfüllt werden müssen, damit eine nationale Identität vernünftig sein und in der Zukunft Bestand haben kann. Nach Habermas zeichnet sich eine nationale Identität dadurch aus, dass sie nicht missbraucht werden kann, wie es Rechtsradikale à la Le Pen versuchen, indem sie einen Teil der Franzosen in die »identité française« ein- und andere ausschließen.

Und die Forderungen von Habermas werden wahrgenommen. So stellte das Forscherteam um Werner Schiffauer auch fest, dass als Folge von Nationalismus und Faschismus, die zum Zweiten Weltkrieg und zum Völkermord geführt haben, in allen Ländern Europas ein »Epochenbruch unübersehbar« ist in Bezug auf das Verhältnis von nationaler Kultur und Schule. Allerdings führt die Wahrnehmung des Epochenbruchs nicht zu einem einheitlichen europäischen Denken. Jede Nation geht damit auf ihre Art und Weise um.

Im Zentrum der Lehrpläne aller Länder steht die Vermittlung universaler Werte.

Nationenübergreifende Gemeinsamkeiten werden betont, wie Bekenntnisse zur Demokratie und zur friedlichen Lösung inner- wie auch zwischenstaatlicher Streitigkeiten. Aber wie diese Werte und Maximen umgesetzt werden, das wird den Heranwachsenden jeweils nationalspezifisch nach der Ausrichtung der unterschiedlichen Kulturen vermittelt.

»National« bedeutet dabei in der Erziehung heute weniger eine Fixierung von bestimmten Inhalten und ihre Abgrenzung zu anderen, sondern eher die Festlegung der Wege und Mittel, um an der gesellschaftlichen Entwicklung teilzuhaben. Die Frage lautet deshalb im Idealfall nicht mehr »wer man ist«, sondern »wie man es macht«.

Identität und Erinnerung

Die Erinnerung ist ein schwer zu greifendes Phänomen. Man versteht das sofort, wenn man die Erinnerungen an ein gemeinsames Erlebnis miteinander vergleicht. Das »Ich« erinnert sich oft völlig anders als ein Außenstehender, selbst bei Details. In unsere Erinnerung legen wir alles hinein, was in uns steckt, und organisieren so aus der »Mannigfaltigkeit des Wahrgenommenen« etwas »Sinnvolles«, einen Eindruck, ein Bild, eine Geschichte (im Sinne von »story«): Unsere Erinnerung besteht also nicht aus Fakten, sondern auch aus Wissen und Nichtwissen, aus Urteilen und Vorurteilen, aus Ängsten – seien sie individuell oder kollektiv – und anderen Gefühlen und Hoffnungen, aus Interessen und so weiter. Das müssen wir immer berücksichtigen, wenn es um die »Wahrheit« des Erinnerten geht.

Am 17. September 2006 fanden Landtagswahlen in Berlin und Mecklenburg-Vorpommern statt. In Berlin blieb Klaus Wowereit Regierender Bürgermeister, die CDU erlitt unter Friedbert Pflüger die größte Niederlage, seit es sie gibt. Das Fazit aus beiden

Landtagswahlen war: Die einstigen Volksparteien SPD und CDU bringen es zusammen gerade mal auf 50 Prozent der abgegebenen Stimmen. Die Wahlbeteiligung lag bei knapp 60 Prozent und die einstigen Wähler der großen Parteien wanderten nicht zur Opposition, sondern zu den Nichtwählern. Die politische Analyse ist also: In der Bundespolitik ist zur Zeit nur eine Große Koalition möglich, in den Ländern wie im Bund, und das führt zu einer weiteren Abwendung der Bürger von der Politik.

Bei den Landtagswahlen in Mecklenburg-Vorpommern aber wurde auch die NPD mit mehr als sieben Prozent in den Landtag gewählt. Und nur darauf schaute das Ausland.

Der Korrespondent der *New York Times* in Berlin erklärte, einzig das Thema NPD sei für sein Blatt einen Bericht wert. In Frankreich brachte der große öffentlich-rechtliche Sender FR 2 in den Hauptabendnachrichten am Tag nach der Wahl ausschließlich eine längere Reportage über die NPD und die Neonazis im östlichen Landesteil. Sonst nichts! Am Schluss seines Berichts allerdings zitierte der französische Korrespondent im »On« mit erhobenem Finger die *Süddeutsche Zeitung*, die mit Blick auf die deutsche Vergangenheit vor den Neonazis warnt.

Sieben Prozent deutsche Rechtsextreme bei einer Landtagswahl in einem schwach bevölkerten Bundesland sind für einen Franzosen erheblich gefährlicher als 20 Prozent für den rechtsextremen Jean-Marie Le Pen im zweiten Wahlgang bei der

Präsidentschaftswahl 2002 in ganz Frankreich. Die Erinnerung bestimmt die Wertung. Und manchmal dauert es eben sehr lange, bis sich die negative Beurteilung eines Volkes, ausgelöst durch die Erinnerung an angstmachende geschichtliche Tatsachen, durch positive Erkenntnisse aus dem weiteren Verlauf der Geschichte auch ins Positive wandelt.

Urteile bleiben eben manchmal über Jahrhunderte haften und werden dann gerne zu Klischees. So werden die Deutschen immer wieder, wenn es sich gerade anbietet, als tumbe Teutonen oder »Hunnen« dargestellt, die sich in einer groben Sprache verständigen und natürlich alle Nazis sind. Und weil Joseph Ratzinger als Kind Hitlerjunge und als Siebzehnjähriger noch Soldat war, wird er in Frankreich, England oder den Niederlanden nicht nur in den Sprechblasen von Karikaturen immer wieder mit »Heil Benedikt« angeredet. All dies sind Ergebnisse des Phänomens Erinnerung.

Aber auch wir erinnern uns. In seiner Biografie schreibt der ehemalige Bundeskanzler Gerhard Schröder über Willy Brandt: »Sein Kniefall vor dem Denkmal des Warschauer Ghettos am 7. Dezember 1970 war für uns Jüngere der Ausdruck der Demut, die wir als Deutsche unseren Nachbarn gegenüber aufbringen müssen, in deren kollektivem Gedächtnis die ungeheuerlichen Naziverbrechen eingebrannt sind … Das Bild des knienden Willy Brandt ist zu einem doppelten Symbol geworden: zum Symbol des ›Nie wieder‹ und zum Symbol dafür, dass wir unsere Vergangenheit anzunehmen haben als Voraussetzung dafür, Zukunft gewinnen zu können. Auch dies gehört zur europäischen Mission der politischen Nachkriegsgeneration in Deutschland.«

»Nie wieder«, so Schröder, war für ihn ein Symbol, das seine Politik geleitet hat. Denn für ihn hieß es auch: »Nie wieder Krieg.« Und es war die Konsequenz aus dem Erinnern an das Dritte Reich, den Zweiten Weltkrieg und die Vernichtung der Juden.

Noch während der Monate, in denen um die deutsche Einheit gerungen wurde, haben sich die britische Premierministerin Margaret Thatcher und – in geringerem Maß – der französische Staatspräsident François Mitterrand Gedanken darüber gemacht, ob ein vereintes Deutschland wieder gefährlich werden könnte.

Erinnern wir uns an das geheime Memorandum, das Charles Powell, der außenpolitische Sekretär des britischen Premierministers, im März 1990 anlässlich eines Deutschlandgesprächs englischer und amerikanischer Experten mit Margaret Thatcher anfertigte. Darin werden wenig »schmeichelhafte Attribute … als typischer Teil des deutschen Charakters erwähnt: Angst, Aggressivität, Überheblichkeit, Rücksichtslosigkeit, Selbstgefälligkeit, Minderwertigkeitskomplex, Sentimentalität … Man müsse doch fragen, wie ein Kulturvolk es habe zulassen können, sich durch Gehirnwäsche in Barbarei stürzen zu lassen. Wenn das einmal passiert sei, könnte es nicht wieder geschehen?«

Zwei Jahre später gab es aus Großbritannien noch einmal einen unfreundlichen Akt. Im Januar 1992 hatte London den im monatlichen Turnus wechselnden Vorsitz im Sicherheitsrat übernommen. In dieser Funktion, als Chef des »Weltsicherheitsrats«, wie dieses Organ der UNO auch genannt wird, luden die Briten zu einem Treffen der Staats- und Regierungschefs des Rats nach New York ein, um über eine neue Weltordnung zu beraten. Deutschland war damit ausgeschlossen, ständige Mitglieder im UN-Sicherheitsrat waren nun einmal die Siegermächte des Zweiten Weltkriegs (inzwischen ist China in dieses Gremium aufgenommen worden). Deutlicher hätte das Zeichen in Richtung Berlin nicht sein können. Und im Mai 1992 drängte Margaret Thatcher noch einmal darauf, die Amerikaner nicht durch eine eigene EG-Verteidigungspolitik aus Europa zu verdrängen, denn nur die USA seien in der Lage, der deutschen Vormacht entgegenzutreten.

Doch in den Jahren nach der deutschen Vereinigung veränderte sich langsam das Deutschlandbild im Ausland. Deutschland war wieder ein geeinter, souveräner Staat, von dem die Weltpolitik immer mehr Verantwortung forderte.

Veränderungen gab es natürlich auch in der Wahrnehmung der Deutschen von sich selbst. 1990 haben sie noch mit sich gehadert, am stärksten wohl der heutige Nobelpreisträger für Literatur, Günter Grass. Er schrieb damals in der »Kurzen Rede eines vaterlandslosen Gesellen«: »Wer gegenwärtig über

Deutschland nachdenkt und Antworten auf die Deutsche Frage sucht, muss Auschwitz mitdenken. Der Ort des Schreckens, als Beispiel genannt für das bleibende Trauma, schließt einen zukünftigen deutschen Einheitsstaat aus.«

Auschwitz gehört zur deutschen Geschichte und damit, wie ich schon sagte, zur deutschen Identität. Ohne Wenn und Aber. Das bedingt aber nicht automatisch, dass man den Völkermord an den Juden, so grausam und einzigartig er auch immer war und bis heute geblieben ist in seiner »industriellen« Dimension und seiner rassistischen Begründung, mit anderen Gräueln und Völkermorden nicht vergleichen darf. Ebenso ist es mit dem Vergleich der Nazi-Diktatur mit anderen mörderischen Zwangsregimen, seien sie nun vergangen oder gegenwärtig. Solche Vergleiche anzustellen galt und gilt bis heute als »Gleichsetzung« und wurde damit in der öffentlichen Debatte tabuisiert.

Solche Tabus können nur aufgehoben werden, wenn jemand Klartext redet. Das tat in diesem Fall Alfred Grosser, der große französische Politikwissenschaftler, der mit seiner jüdischen Familie 1933 vor den Nazis aus Frankfurt floh. Er sieht in der »Absurdität der Phrase ›das ist unvergleichlich‹« eine Verniedlichung der Verbrechen Stalins und Maos. Grosser schreibt: »Und da, muss ich schon sagen, gibt es eine sehr erstaunliche Interessengemeinschaft – nicht, dass sie ausdrücklich bestünde, sie ergibt sich einfach – zwischen ehemaligen Kommunisten und jüdischen Organisationen. Die einen wollen nicht, dass man viel davon spricht, was der andere Sozialismus im Osten gewesen ist, denn sonst wird ja Auschwitz verniedlicht, und die anderen, ehemalige Kommunisten, sagen, wir wollen nicht davon sprechen, denn wir haben auch daran geglaubt, und so schlimm war das ja nun auch wieder nicht. Beide treffen sich in der Intention, es solle nur ›Auschwitz‹ da sein.« Dieses heimliche Bündnis hat noch heute Erfolge. Im Europarat wurde unter Beteiligung der PDS verhindert, dass ein Beschluss über die »Notwendigkeit einer Verurteilung der Verbrechen kommunistischer totalitärer Regime« verabschiedet wurde, weil das – so die Argumentation der PDS – »die Schoa verniedlichen würde«.

Die Roten Khmer haben einen großen Teil des kambodschanischen Volkes ermordet. Mao Tse-tung ließ – in dem Machtkampf, den er Kulturrevolution nannte – 20, 30 Millionen Menschen umbringen. Aber Mao hatte das Glück, dass sein Massenmord in einen linken Zeitgeist integrierbar und mit dem Begriff »Kulturrevolution« versehen war. So wurde er, der Massenmörder, in der ganzen Welt von pseudorevolutionären jungen Menschen angehimmelt und romantisiert.

Die Tabuisierung jeglichen Vergleichens der Nazi-Diktatur und des Mordes an sechs Millionen Menschen – zum großen Teil – in den Gaskammern der deutschen Konzentrationslager wirkt in alle gesellschaftlichen Bereiche hinein, nicht nur in Politik und Kultur, sondern auch in die Wissenschaften. Kritische Historiker wie Heinrich August Winkler beklagen, dass selbst die Aufarbeitung der Nazizeit Tabus unterliege. Winkler macht in Deutschland Frage- und Benennungsverbote aus, die dazu führen, dass manche historischen Fragestellungen nicht in Deutschland, sondern nur in Frankreich oder Großbritannien möglich seien. Das Denken muss auswandern, wenn es darum geht, Erscheinungsformen von totalitärer Diktatur zu vergleichen, etwa die nationalsozialistische und die kommunistische. Die »Einmaligkeit« verbietet den Vergleich zwischen dem einzigartig Bösen und der kommunistischen Diktatur. Vergleichen aber heißt nicht Gleichsetzen, das kann nicht oft genug wiederholt werden. Doch solche Details interessieren die Tabuisierer nicht.

Ich bin mir bewusst: Wer für eine Enttabuisierung plädiert, muss besonders wachsam sein, damit entsprechende Debatten nicht von rechten Spinnern instrumentalisiert oder missbraucht werden. Doch ich bin zuversichtlich, dass unsere Demokratie und auch unsere Medien, als vierte Gewalt, aufmerksam und stark genug sind, dies zu verhindern.

Die ersten beiden großen historischen Bilanzen des 20. Jahrhunderts, die auf diese deutsche Debatte keine Rücksicht zu nehmen brauchen, stammen folgerichtig auch aus England und Frankreich. Eric Hobsbawm schrieb *Das Zeitalter der Extreme* und François Furet, der 1997 starb, *Das Ende der Illu-*

sion. Hobsbawm interpretierte den Aufstieg der radikalen Rechten nach dem Ersten Weltkrieg als Antwort auf die Gefahr des Leninismus, Furet sah den Faschismus und Nationalsozialismus als eine »Art feindlichen Bruder« des Kommunismus. Ein deutscher Historiker hätte so etwas nicht äußern dürfen, im Vergleich von Gulag und Auschwitz wäre eine unerlaubte Entlastung des von Deutschen inszenierten Völkermords gesehen worden.

Als vor 20 Jahren der deutsche Historiker Ernst Nolte auf das Entstehungs- und Beziehungsgeflecht von Bolschewismus und Faschismus hinwies, brach der »Historikerstreit« aus und Nolte wurde als Tabubrecher von Jürgen Habermas und vielen anderen ins rechte Abseits gestellt.

Das Aufrechterhalten dieser Tabus zeigt das immer noch schlechte Gewissen der Deutschen. Um der deutschen Schuld zu entfliehen, wären manche Landsleute am liebsten selber ein wenig jüdisch: »Immer mehr Deutsche entdecken ihre jüdische Identität«, bemerkte Sibylle Tönnies, Professorin für Soziologie, »eine Ersatzidentität, die die Verarbeitung des Holocaust von der Opferseite her erlaubt.«

Für viele Deutsche gilt unbewusst das Prinzip, »nie mehr zu den Tätern gehören« zu wollen. Sie sehen im Leiden wegen vergangener Verbrechen einen Ausdruck ihrer Unschuld. Sibylle Tönnies berichtete: »Die junge Frau, die uns im Haushalt hilft, behauptet, in unserem Haus sei jedes zweite Wort ›Auschwitz‹ – und seitdem ich darauf achte, merke ich, dass sie dieses Wort tatsächlich ungefähr einmal in der Woche zu hören kriegt.«

Die Haushaltshilfe ist weder rechtsradikal noch antisemitisch, sie beklagt nur, dass die bürgerliche Schicht sich nicht genügend für die Arbeitslosigkeit ihres Mannes und die Lage der Arbeitnehmer interessiert. Es kommt aber noch ärger in den Schilderungen der Soziologin Tönnies: »Ich habe eine Freundin, die zu fühlen meint, dass sie in einem früheren Leben Jüdin war, und eine andere will ahnen, dass ihr Urgroßvater Jude war. Eine dritte konnte nur durch jüdischen Einspruch daran gehindert werden, zum mosaischen Glauben überzutreten.«

Unsere Denkverbote werden Bestand haben, solange wir mit der deutschen Schuld als »Kollektivschuld« umgehen. Dabei hat der Philosoph Karl Jaspers schon im Wintersemester 1945/46 in einer Vorlesung zu diesem Thema die Kollektivschuldthese ad absurdum geführt.

Jaspers' Gedanken erschienen 1946 als Buch unter dem Titel *Die Schuldfrage. Von der politischen Haftung Deutschlands*. Wer das Buch gelesen hat, der wird abstrakte Schuldthesen weder glauben noch verbreiten. Im Sinne politischer Aufklärung müsste dieses Buch Pflichtlektüre in deutschen Schulen sein. Davon war aber leider nie die Rede. Selbst in gebildeten Kreisen in Deutschland ist der Inhalt von Jaspers' Buch wenig geläufig. Seine Grundthese lautet, es sei sinnwidrig, »ein Volk als Ganzes eines Verbrechens zu beschuldigen. Verbrecher ist immer nur der Einzelne. Es ist auch sinnwidrig, ein Volk als Ganzes moralisch anzuklagen.« Schuldig ist immer nur der einzelne Täter.

Kein Mensch, so habe ich argumentiert, kann seiner nationalen Identität und damit auch seiner Geschichte entkommen. Wen der Zufall zum Deutschen gemacht hat, ist Deutscher. Dieses Deutschsein darf aber nicht aus der Geschichte des nationalen Überschwangs definiert werden, wie das die Romantiker getan haben – als wäre der Deutsche a priori der bessere Mensch. Leider wird in Deutschland gelegentlich noch so gedacht – selbst in intellektuellen Kreisen.

So sagte zum Beispiel der renommierte Zeithistoriker Arnulf Baring im September 2006 bei einer Veranstaltung der hessischen CDU-Landtagsfraktion, er halte die Deutschen »nach wie vor für das wichtigste europäische Volk, und ich glaube nicht, dass dies in irgendeiner Weise eine Übertreibung ist«. Solche Äußerungen aus der Mitte unserer Gesellschaft werden die Ängste der Franzosen nicht heilen.

Deutschsein muss dagegen heißen, »deutsch zu werden, wie man es noch nicht ist, aber sein soll« (Jaspers). Maßstab ist nicht ein nationales Idol; Maßstab hat eine Vision zu sein, die ich, den Soziologen Norbert Elias zitierend, als »humanen Staat« bezeichnen will. Maßstab sind dann die Menschenrechte, ist die Solidarität unter uns Menschen. Dies zu akzeptieren kann nur dem gelingen, zu dessen Identität und Kultur das Wissen gehört, dass er sich nicht nur juristisch, sondern auch politisch oder moralisch schuldig machen kann, wenn er seine Werte an anderen Leitbildern ausrichtet. Die Freiheit beginnt also mit dem Bewusstsein des Einzelnen, Verantwortung zu haben für sich und die Gemeinschaft.

Normal ist neu

»Heute beginnt eine neue Zeit«, schrieb eine große deutsche Zeitung, als die Abgeordneten des Deutschen Bundestags sich im April 1999 zum ersten Mal im renovierten Reichstagsgebäude in Berlin zur Plenarsitzung trafen. Während der Sitzung sagte Bundeskanzler Gerhard Schröder: »Sicher, der Umzug nach Berlin ist auch eine Rückkehr in die deutsche Geschichte, an den Ort zweier deutscher Diktaturen, die großes Leid über die Menschen in Deutschland und in Europa gebracht haben. Aber ›Reichstag‹ einfach mit ›Reich‹ gleichzusetzen wäre genauso unsinnig, wie Berlin mit Preußens Gloria oder deutschem Zentralismus zu verwechseln.« Und er fügte hinzu, es sei die richtige Zeit für eine Neuorientierung in der deutschen Politik, weil das vereinte Deutschland auch politisch den Generationswechsel vollzogen habe: »Es gibt kein Land, in dem die Ablösung der politischen Generation, die den Zweiten Weltkrieg noch unmittelbar miterlebt hat, nicht eine bedeutende Veränderung in der Politik bezeichnet hätte. Das gilt für uns in Deutschland allemal.«

Und es galt besonders für Schröder.

Schon im ersten Jahr nach seiner Wahl zum Bundeskanzler im Oktober 1998 hat er das Bild Deutschlands und vielleicht auch dessen Identität wesentlich verändert. Es begann mit kleinen, scheinbar unwichtigen Worten, etwa als er schon vor seinem Amtsantritt sagte, unter ihm werde deutsche Politik »deutscher« sein als bisher. Und damit meinte er: normaler. Aber konnte ein Land, in dem mehr als sechs Millionen Menschen in Konzentrationslagern umgebracht worden waren, je als »normal« bezeichnet werden? Innerhalb weniger Monate zeigte sich, was Schröder vielleicht selber nicht vorhergesehen hatte. Deutschland war fast so »normal« wie seine Nachbarn geworden.

Zum ersten Mal seit dem Zweiten Weltkrieg wurde das Land von seinen Bündnispartnern in der NATO gebeten, Soldaten für einen Kampfeinsatz zur Verfügung zu stellen: zur Verhinderung eines Völkermords an den albanischstämmigen Bewohnern des Kosovo durch die Serben. Und es war ein Glück für Deutschland, dass der Krieg erst ausbrach, als in Bonn eine rot-grüne Regierung die Macht übernommen hatte. Viele Mitglieder der grünen Partei waren schließlich aus der Friedensbewegung gekommen. Jetzt waren die ehemals Friedensbewegten aufgefordert umzudenken. Und weil die rotgrünen Politiker unter dem Verdacht standen, sie wären »unsichere Kantonisten«, wenn es um die Solidarität in der NATO ginge, mussten sie sich besonders überzeugend mit den NATO-Verbündeten einig zeigen.

Lautete das wichtigste Motto der Deutschen bisher »Nie wieder Krieg«, und beriefen sie sich dabei auf ihre Schuld am Ausbruch des Zweiten Weltkriegs, so begannen sie jetzt, ihre politischen Maßstäbe zu revidieren. Dies tat allen voran der grüne Außenminister Joschka Fischer, der »Nie wieder Krieg« in »Nie wieder Srebrenica« veränderte. Im bosnischen Srebrenica hatten die Serben unter Duldung holländischer Blauhelmsoldaten Tausende von bosnischen Männern kaltblütig ermordet. Doch da der Ort Srebrenica zu wenigen Deutschen etwas sagte, änderte Fischer das Motto in »Nie wieder Auschwitz«. Gemäß diesem symbolischen Satz sollte nun eine internationale Truppe – mit deutschen Soldaten – verhindern, dass die Serben im Kosovo ein Massaker, wenn nicht gar einen Völkermord an den Kosovaren anrichteten. Wäre die konservative Regierung von Helmut Kohl noch an der Macht gewesen, hätten Grüne und ein großer Teil der Sozialdemokraten wahrscheinlich zu Friedensdemonstrationen aufgerufen. So aber veränderte sich mit der rot-grünen Außenpolitik, etikettiert mit Fischers Motto, auch die deutsche Identität. Als Folge daraus hat sich das Verständnis der Deutschen von sich selbst verändert, man versteht sich als »normales« Mitglied der westlichen Völker- und Wertegemeinschaft.

Deutschland hat erstmals in seiner Geschichte mit dem Einsatz von deutschen Soldaten in Europa und der Welt Verantwortung übernommen, und das mit Blick auf die Vision von Humanität und nicht aggressiv aus Machtpolitik und Eroberungsgelüsten.

Am Kosovo-Einsatz ist die Grüne Partei noch fast zerbrochen. Und auch die Zustimmung für den Einsatz der Bundeswehr in Afghanistan erhielt Bundeskanzler Gerhard Schröder von der rot-grünen Mehrheit nur mit Hilfe der Vertrauensfrage. – Die Union stimmte dagegen, nicht aus politischer Einsicht, sondern aus purem Machtkalkül. – Als aber im September 2006 die Bundesregierung beschloss, Marineeinheiten vor dem Libanon zu stationieren, um Waffenschmuggel zugunsten der Hisbollah zu verhindern, da stimmte nicht nur die große Mehrheit der Bundestagsabgeordneten von Union und SPD dafür, sondern auch viele aus der Opposition: Grüne wie auch einige Mitglieder der FDP.

Das Selbstverständnis der Deutschen hat sich also – wie Schröder es vorhersagte – in den vergangenen zehn Jahren erstaunlich zum »Normalen« hin verändert.

Die Folgen haben, zu ihrer eigenen Verwunderung, auch viele Deutsche während des Fußballfestes im Sommer 2006 an sich selbst festgestellt. Zum Beispiel der Mann, der sich 1990 noch einen »vaterlandslosen Gesellen« genannt hatte. Nobelpreisträger Günter Grass eilte zu jedem Spiel der deutschen Mannschaft, zu dem er Karten bekommen konnte. Beim Viertelfinale trafen wir uns, meine Frau hatte

Fahnen gekauft. Wir hängten sie uns um. Das fand Grass doch ein wenig zu weit gehend. Beim Halbfinale aber trug er dann selbst einen Schal mit den deutschen Farben und sang sogar die Nationalhymne mit.

Auch als die Bürger der DDR 1989 und 1990 das Ende ihres Staates herbeidemonstrierten und so die deutsche Einheit vorbereiteten, sind viele deutsche Fahnen geschwungen worden. Der Schriftsteller Thomas Brussig hatte sich nicht daran beteiligt. Er hatte sich gefragt, ob Deutschland nicht aus lauter Fantasielosigkeit dort weitermachen würde, wo es zuletzt hatte aufhören müssen. Doch 2006 war er begeistert dabei, als die nationalen Symbole gezeigt wurden, und fragte sich jetzt verwundert, was da mit ihm geschehen sei: »Dürfen wir das? Sind wir wieder gefährlich? Haben wir nichts gelernt? Ich bekenne: Auch ich habe gesungen und die deutschen Farben stundenweise im Gesicht getragen. Vermutlich werde ich es wieder tun.«

Zu seinem Erstaunen stellte Brussig fest, »dass es gar nicht so schlimm war. Stolz auf Deutschland zu sein, ohne auch nur ansatzweise zum Nazi zu mutieren – es geht. Oh, welches Wunder!« Und es überrascht ihn, dass der Satz »ich bin stolz, ein Deutscher zu sein« nicht automatisch bedeutet, »ich bin stolz, ein Rechter zu sein«.

Wissen und dann vergessen

Die Eltern und die Schwester von Günter Grass erlebten das Kriegsende in Danzig. Als die russischen Soldaten die Stadt besetzten, wurden Mutter und Schwester vergewaltigt. Aber als Günter Grass die Familie nach dem Krieg im Rheinland wieder traf, wurde darüber nicht gesprochen. So erzählt es Günter Grass in seiner Biografie. Auf die Frage, ob sich damals das totale Schweigen über die erlittenen Grausamkeiten ausgebreitet habe, antwortete Grass, nein, verschweigen sei ja eine Konsequenz aus dem Nichtreden. Man habe aber gar nicht erst geredet.

Erst als die Mutter tot war, hat die Schwester ihrem Bruder von damals erzählt. Aber der große Autor brauchte den Abstand von fast fünf Jahrzehnten, bis er das von seiner (deutschen) Familie erlittene Unrecht durch (russische) Soldaten in eine literarische Form bringen konnte. In seinem 2002 veröffentlichten Roman *Im Krebsgang* schildert er den Untergang des mit 10 000 Flüchtlingen beladenen Schiffes »Wilhelm Gustloff«. Die Kritik ist verwundert, schließlich hat Grass die Deutschen als Täter häufig und gnadenlos angegriffen. Nun plötzlich widmet er sich einem Thema, das die Kritiker seines Buches als »empfindlich«, als lange Zeit »tabuisiert« beschreiben. Später wird er sagen, eine innere Bremse habe ihn früher daran gehindert, das Thema anzufassen.

Grass hat nie verschwiegen, dass er ein von den Nazis verführtes Kind gewesen ist. Und gerade deshalb hat er so heftig vor Tätern und Mitläufern gewarnt. Als er aber 2006 heftig angegriffen, ja angefeindet wird, weil er in seiner Biografie zum ersten Mal davon erzählt, dass er als Soldat einer Division der Waffen-SS angehörte, weiß er keine »logische« Antwort auf die Frage, warum er denn nicht früher geredet hat.

Mehr als ein halbes Jahrhundert hatte er nicht über die Leiden seiner Mutter, seiner Schwester und der deutschen Flüchtlinge schreiben können. Erst als es ihm gelungen war, deren Geschichte endlich zu erzählen, konnte er den zweiten Schritt tun: zugeben, wofür er sich 60 Jahre lang geschämt hatte.

Die Erinnerung einer einzelnen Person ist immer geprägt von vielen Facetten, auch einer selektiven Wahrnehmung der eigenen Erlebnisse. Sie bedarf deshalb nicht selten einer historischen Korrektur. Aber Erinnerung und Historie können nur dann akzeptabel zur Deckung gebracht werden, wenn das gesellschaftlich und gesetzlich zumindest erlaubt ist. Grass schreibt, die Familie habe über ihre Erlebnisse nicht gesprochen. Es war die eigene Scham, die eine unüberwindbare Barriere bildete.

Aber es gab auch jahrzehntelang gesellschaftliche und – in der DDR – staatliche Verbote, der Erinnerung freien Lauf zu lassen. Zu klar waren die Rollen verteilt: Wer deutsch war, war Täter, er konnte per definitionem nicht auch Opfer sein. Der Hinweis auf die Leiden der Vertriebenen fiel in der Bundesrepublik unter das Etikett »Revanchismus«, in der DDR wurde die Erinnerung der Vertriebenen gar mit Strafe bedroht.

Auch nach der Wiedervereinigung dauerte es lange, bis solche Tabus aufzubrechen begannen. Aus der persönlichen Erinnerung wächst jedoch die Identität des Einzelnen und mit dem Bewältigen des Erlebten auch sein Selbstbewusstsein und damit das Verständnis für gesellschaftliche Werte.

»So ist Krieg, deshalb darf Krieg nicht sein«, diesen Satz wiederholten die Frauen aus Ducherow.

Als aber im Frühling 1945 die Flüchtlingstrecks durch das Dorf Ducherow ziehen, 60 Kilometer nordwestlich von Stettin, als versprengte deutsche Soldaten auf der Flucht vor den anrückenden Russen Unterschlupf suchen, greift die Pfarrersfrau Maria Meinhof zum Federhalter und beginnt, *Mutti's Tagebuch in schwerer Zeit* zu schreiben. Ihren sechs Söhnen, die in den Krieg gezogen sind, schildert sie in Sütterlinschrift und alltäglichem Ton das tägliche Leben, das wahrlich kein Alltag ist. Zeile um Zeile wächst Marias Chronik zu einer beeindruckenden Schrift gegen den Krieg.

Zu Jahresbeginn 1945 kommen aus dem Osten Flüchtlinge durch Ducherow, die sich gerade noch retten konnten, »bis auf einen lieben zehnjährigen Sohn, der ertrank«. Maria Meinhof erzählt nüchtern, es würde zu weit führen, all die tragischen Schicksale aufzuführen. Sie lässt keine großen Gefühle, keinen Schmerz und erst recht keinen Hass aufkommen.

Dann kommen Soldaten aus Russland. Einer schenkt den Kindern Kekse, ein anderer setzt sich ans Klavier. Aber immer wieder ruft einer in den Keller hinunter, wo sich die Pfarrfrau mit ihren Schützlingen versteckt: »Zwanzig Russen oben, fünf Frauen kommen mit.« Und die Russen sind grob, als wollten sie »in jeder Frau Hitler bezwingen«. Entweder gehen die Frauen mit. Oder sie nehmen ihre Kinder und stürzen sich in den Bauernpfuhl. In einer Nacht ertrinken acht, sechs erhängen sich. Das geht bis in den Mai, da findet »man Körper wie Fallobst unter den Bäumen der Allee«.

Von den sechs Söhnen der Maria Meinhof kehren drei zurück. Und nur einer kann die Handschrift entziffern, fast ein halbes Jahrhundert später, als Marias Enkelin Renate Meinhof das Tagebuch auf dem Speicher des Pfarrhauses findet und veröffentlicht.

Heute noch fragen sich die Frauen aus Ducherow, was wohl ihre Brüder in Russland angestellt haben, dass »die so über uns herfielen«. Und immer wieder erklingt der Satz: »So ist Krieg, deshalb darf Krieg nicht sein.«

Das Tagebuch war 50 Jahre lang vergessen. Es klagt nicht an und es entschuldigt nicht. Es schildert nur, wie Krieg ist und weshalb Krieg nicht sein darf. Nur das kann der Sinn von Erinnern und Vergessen sein.

Von den rund zehn Millionen vertriebenen Deutschen leben immer weniger. Ihr Gedenken wird vom Bundesverband der Vertriebenen wachgehalten. Mitglieder fast aller Parteien unterstützen inzwischen das Projekt der CDU-Abgeordneten Erika Steinbach, Vorsitzende der Vertriebenenverbände, eine Gedenkstätte der Erinnerung an Flucht und Vertreibung »an angemessenem Ort« in Berlin zu errichten. Dagegen allerdings erheben sich ebenfalls viele Stimmen, besonders aus Polen, von wo die meisten Deutschen von den Russen vertrieben wurden. Sie annektierten den Osten Polens und siedelten dort lebende Polen in die ehemals deutschen Gebiete um.

Auch Bundeskanzlerin Angela Merkel sprach sich im September 2006 für ein »sichtbares Zeichen« der Erinnerung aus, während die polnische Regierung heftig protestierte.

Ohne Erinnerung aber, das sei hier wiederholt, ist eine kollektive Identität nicht denkbar. Und es besteht ein Zusammenhang zwischen einer starken Identität und starker Erinnerung, ebenso wie zwischen fehlender Erinnerung und schwacher Identität.

Dennoch kann das stete Erinnern wie ein Hindernis für die Ausbildung einer Identität wirken, kann sie schwächen, so der französische Soziologe Michel Wieviorka, oder gar einen negativen Einfluss ausüben: »Um sich herauszubilden oder erhalten zu können, braucht die Identität auch das Vergessen und die Amnesie.« Das gilt für die Erlebnisse, wie sie die Mutter von Günter Grass ertragen hat, ebenso wie für die schrecklichen Szenen, die Maria Meinhof ihrem Tagebuch anvertraut hat.

Auschwitz ist im deutschen Gedächtnis als etwas Unmenschliches, Grausames eingebrannt. Die Erinnerung daran muss stets auf geeignete Weise wachgehalten werden. Und wenn diese Erinnerung die Deutschen zu positivem Handeln für die Zukunft veranlassen kann, wie dies beim Kosovo-Einsatz der Fall war, führt sie auch zu einer starken Identität.

Mit »Nie wieder Auschwitz« ist eine staatspolitische Haltung begründet, aus der konkrete politische Handlungen folgen. Wenn wir diesen Satz benutzen, meinen wir, dass wir weder aktiv noch passiv jemals wieder eine vergleichbare Schuld auf uns nehmen wollen.

»Nie wieder Vertreibung« jedoch richtet sich gegen die Handlungen anderer Völker, gegen die von den Deutschen überfallenen späteren Sieger. Die Ursachen dafür liegen weit zurück, die Folgen sind nicht mehr rückgängig zu machen. Jetzt, da die unmittelbar Betroffenen immer weniger werden, wäre Vergessen angebracht. Schon Friedrich Nietzsche hat in der zweiten seiner *Unzeitgemäßen Betrach-*

tungen geschrieben: »Das Unhistorische und Historische ist gleichermaassen für die Gesundheit eines Einzelnen, eines Volkes und einer Cultur nöthig«, und er fügt hinzu: »in einem Uebermaasse von Historie hört der Mensch wieder auf.«

Nie wieder Kulturnation

Auf der Suche nach Selbstbewusstsein trifft der Mensch häufig auf widerstreitende Gefühle. Er lebt eben nicht von der Vernunft allein. Seine Identität wird auch von vielen unterschiedlichen Emotionen mitgeprägt. Deshalb sind viele Erinnerungen notwendig und wichtig, und anderes sollte dem Vergessen anheimgegeben werden.

Wenn Deutsche sich mit der Frage der Nation befassen, weichen sie häufig auf das positiv klingende Wort »Kulturnation« aus. Das klingt sehr viel gefälliger als das bloße Wort »Nation«, und die Assoziation hin zum Unwort »Nationalsozialismus« scheint verstopft. So schreibt Christina Weiss, eine kluge Autorin und unter Gerhard Schröder erfolgreiche Kulturstaatsministerin, in einem Aufsatz mit dem Titel »Wo wir uns finden, Orte der Kulturnation«, das ständige Ausweichen der Deutschen »vor dem Thema Nation als Gemeinschaft macht deutlich, dass es eine der großen Herausforderungen der Gegenwart ist, eine Vorstellung Deutschlands als Kulturnation wieder zu entwickeln und zu verankern. Es geht schlicht um Selbstachtung, die ihren Grund findet in der Wertschätzung dessen, was unsere Wurzeln sind, was die Eigenheit und die Einzigartigkeit unserer Kulturgeschichte ausmacht. Es wirkt oft genug so, als hätten die Deutschen Angst, sich auf ihre große kulturelle Tradition zu besinnen.«

Auch Christina Weiss benutzt in ihrem Text den Begriff »Kulturnation«. Doch um der Bedeutung dieses Wortes auf die Spur zu kommen, gilt es, weit in die Geschichte zurückzuschauen.

Frankreich hat sich früh zu einer Nation zusammengefunden, und wer heute in Frankreich fragt, was die Franzosen zusammenhält, der wird überschüttet mit Worten wie Menschenrechte, universelle Revolution, Republik, Nation, und ihm wird erklärt, die Franzosen hätten ein gemeinsames politisches Ziel, das sich aus den Werten der Revolution ergebe. Kurz: Man hat eine gemeinsame Geschichte, aus der man ein politisches Ziel für die Gegenwart ableitet.

Jeder Franzose kennt die Bedeutung des Frankenkönigs Chlodwig und seiner Taufe irgendwann um das Jahr 500 n. Chr. Und selbst mehr als 2000 Jahre nach der Schlacht von Alesia, bei der die Römer im Jahre 52 v. Chr. den gallischen Helden Vercingetorix geschlagen haben, wollen französische Politiker den seit jener Niederlage von der Landkarte verschwundenen Ort wieder als Gedächtnisstätte aufbauen.

Aber was hält die Deutschen zusammen? Mit der Antwort auf diese Frage zögern die meisten, aus Unwissenheit, aus Angst, wie Christina Weiss beklagt. Der deutsche Gründungsmythos, abgeleitet aus der Sage von Hermann dem Cherusker, als Gegenheld zu Vercingetorix erfunden, ist längst verraucht. Die gemeinsame Geschichte schmerzt, und selbst die Behauptung, man habe gemeinsame politische Visionen, wagt kaum jemand.

Ich erinnere noch einmal an Montesquieu, der sagte, eine Person sei aus Notwendigkeit Mensch, aber nur aus Zufall mit einer Nationalität versehen. Das heißt auf uns angewendet: Die Identität betrifft den Menschen, die Nation betrifft den Deutschen im Menschen.

So macht das Nationale nur einen Teil der Identität eines jeden Individuums aus. Und wirklich zeitgemäß wäre es, wenn die Deutschen ihr Deutschsein nicht so fürchterlich wichtig nähmen.

Der Begriff »Kulturnation« nun ist eine Erfindung deutscher Intellektueller, die sich, die Geschichte scheint sich zu wiederholen, vor mehr als 250 Jahren in einer Identitätskrise befanden. Wirtschaftliche und soziale Veränderungen verunsicherten das deutsche Bürgertum. Bei der Suche nach Selbstgewissheit spielte Frankreich als Projektionsfläche für die Deutschen eine erhebliche Rolle: Die kulturelle und politische Vorherrschaft Frankreichs, die Ideen der Französischen Revolution und die darauf folgende Herrschaft Napoleons drohten Deutschland, wenn nicht gar ganz Europa, zuzudecken. Frankreich stellte sich als geeinte Nation dar, mit einer zentralisierten Machtstruktur und einer einheitlichen Gesellschaft.

Daraus resultiert, dass die beiden Nachbarn verschiedene Wege beschritten, deren Widersprüche für die Geschichte Europas, ja der Welt, die bekannten fatalen Konsequenzen gezeitigt haben. Die Deutschen gingen auf die romantische Suche nach ihren kulturellen Ursprüngen, in Frankreich wies die Aufklärung den Weg zu universellen Werten.

Heute wissen wir: Die deutsche Selbstbesinnung auf die Kultur war rückwärtsgewandt und ein Rückschritt. Der französische Weg zu universellen Werten blickte nach vorn und bedeutete Fortschritt.

Während eine »Kulturnation« sich gefühlvoll ausschließlich auf die »eigene« Abstammung, Sprache und Geschichte beruft, wurzeln die Gedanken der Aufklärung in der Idee, dass die Vernunft Vorrang habe. Entsprechend waren die Ziele der Französischen Revolution universell: Menschenrechte, Demokratie, Errichtung einer Republik und Volkssouveränität. Die Nation ist, so hat es der Vergleich der Unterrichtsstoffe des Soziologenteams um Professor Schiffauer ergeben, nach der französischen Definition eine Einheit, in der nicht ethnische, sondern politische Kriterien den Ausschlag geben.

Abbé Sieyès beschreibt die Nation 1789 als »eine Gesamtheit von vereinigten Individuen, die unter einem gemeinsamen Gesetz stehen und durch dieselbe gesetzgebende Versammlung vertreten sind«. Ernest Renan fügt fast ein Jahrhundert später seinen heute noch viel zitierten Satz hinzu, eine Nation bestätige sich an jedem Tag durch eine Volksabstimmung.

Eine solche politische Nation vermittelt ihren Bürgern ein starkes Selbstbewusstsein. Das fehlt uns Deutschen bis heute.

Christina Weiss erzählt aus ihrer politischen Erfahrung als Ministerin: Im Januar 2006 habe der Bundesrat einem Gesetzesentwurf der Bundesregierung widersprochen, der dazu diente, die Deutsche Bibliothek und die Bibliotheken in Leipzig und Berlin zusammenzuschließen und in »Deutsche Nationalbibliothek« umzubenennen. Der Widerstand sei vor allem aus Bayern gekommen: Die Bibliothek dürfe nicht »Nationalbibliothek« heißen, mit der bemerkenswerten Begründung, die geplante Umbenennung täusche einen nicht einlösbaren Anspruch vor, da ein entsprechendes Aufgabenspektrum bereits gemeinsam von der Bayerischen Staatsbibliothek und der Staatsbibliothek Preußischer Kulturbesitz wahrgenommen werde. Die Angst vor der Nation ist auch, so zeigt dieses Beispiel, die Angst vor dem Verlust der provinziellen Selbstherrlichkeit.

Die Angst vor der Nation paart sich nicht selten mit dem Argwohn gegen eine Metropole, gegen die Hauptstadt Berlin. Auch dies ist für einen Franzosen mehr als unverständlich.

Frankreich war schon lange eine Nation mit der Weltmetropole Paris als Zentrum, als die Deutschen anfingen, nach sich selbst zu suchen. Sie lebten nicht in einem gemeinsamen Staat. Deshalb suchten, wie schon gesagt, die Deutschen die Elemente ihrer kollektiven Identität zunächst in der deutschen Kultur, in Sprache, Tradition und Geschichte. Und es ist kein Zufall, dass sie die Kultur als ihr identitätsstiftendes Moment ansahen, denn die Träger dieser Bewegung entstammten dem Bildungs- und Beamtenbürgertum. Das ausschließlich wirtschaftlich ausgerichtete Bürgertum spielte in den deutschen Kleinstaaten keine politische Rolle, ganz im Gegensatz zu Frankreich, wo es zum Träger der Revolution wurde.

Schon ab Mitte des 18. Jahrhunderts hatte der kulturelle Wettstreit mit Frankreich begonnen: Den Galliern wurden die Germanen gegenübergestellt. Die Franzosen erklärten stolz die Gallier zu ihren Vorfahren, was nur eine schöne Legende ist, und Vercingetorix zu ihrem Gründungsvater. Da erfanden die Deutschen eine andere schöne Legende, ernannten die Germanen zu ihrem Stammvolk und den Cherusker Arminius zu ihrem Stammvater Hermann. Daraufhin überschlugen sich die deutschpatriotischen Dichter im 18. Jahrhundert in der Vergötzung dieses Hermann.

In Johann Elias Schlegels »Hermann«-Drama zum Beispiel wird 1740 das deutsche Volk zum absolut wertvollsten erhoben und Hass auf die Feinde Deutschlands geschürt. Der Feind wird Rom genannt, aber jeder weiß, dass Frankreich gemeint ist. Dutzende von Hermann-Dramen und -Opern sind in diesen Jahren entstanden. Der Grundtenor in all diesen Dramen ist Hass, Rache, Blut, Aggression, nicht Sieg über den Feind, sondern dessen Vernichtung.

Wer heute auf der Suche nach einer annehmbaren Definition ist, was unsere nationale Identität sein könnte, dem kann der Begriff der »deutschen Kulturnation« aus historischen Gründen meines Erachtens nicht ausreichen und schon gar nicht als Metapher für einen friedlichen Patriotismus dienen.

Auch die Staatsdenker, die sich in den ersten Jahren der Bundesrepublik Gedanken zum Thema »Nation« machten, haben sich aus guten Gründen den romantischen Nationalismus oder die Kulturnation nicht zum Vorbild erkoren. Aus der Überlegung, dass sich die Bürger in einem Staat zu einem gemeinsamen politischen Willen zusammenschließen, entwickelte Dolf Sternberger den Begriff des Verfassungspatriotismus, den Jürgen Habermas später übernommen hat. Die Identifikation des Bürgers mit dem Staat soll über seinen Bezug zur Verfassung geschehen, wie es etwa in den Vereinigten Staaten von Amerika gelingt. Damit meinte Sternberger nun nicht jeden einzelnen Artikel des Grundgesetzes, »eher schon könnte jene ›freiheitlich-demokratische Grundordnung‹ eine solche Anhänglichkeit oder Loyalität wecken und erwarten lassen«.

Entsprechend wird der »Patriotismus« dem »Nationalismus« entgegengestellt, davon ausgehend, dass der Patriot sich gegenüber seiner Nation kritisch verhalte. Anders der Nationalist, der aus dem Bauch heraus unkritisch hinter der Fahne herrennt.

Hätte die Bundesregierung unter Kanzler Helmut Kohl 1990 anlässlich der deutschen Einheit über eine Verfassung in ganz Deutschland abstimmen lassen, hätte sich, durch die Debatte darüber und die Abstimmung, möglicherweise auch ein emotionaler Bezug zum Grundgesetz herstellen lassen. Dem Patriotismus in diesem Land hätte es sicher nicht geschadet. Stattdessen ist heute deutlich geworden, dass die Rede vom Verfassungspatriotismus nur eine gut gemeinte Krücke. Schon in dem Wort selbst steckt ja ein Widerspruch, der zur Versöhnung im Sinne der französischen »Zivilisation« gebracht werden soll. Die Verfassung beruft sich nämlich auf universelle Grundrechte. Patriotismus hingegen beschränkt sich auf die Loyalitäten eines Volkes gegenüber seiner Nation. So besteht die Gefahr, dass Gefühle den abstrakten und richtigen Gedanken, der im Verfassungspatriotismus steckt, leicht ins Wanken bringen können.

Erneut mag mir Günter Grass bei der Fußballweltmeisterschaft als Beispiel dienen. Der hatte ja beim Viertelfinale noch mit kritischem Blick die Fahnen um die Schultern von meiner Frau und mir gemustert und gegenüber einem Journalisten, der ihn fragte, wie er dazu stehe, Gefühlsaufwallungen dieser Art abgelehnt und sich zum Verfassungspatriotismus bekannt. Das sei seine aufgeklärte Haltung zu Deutschland. Doch als ihn, wie schon geschildert, die Gefühle schließlich beim Halbfinale übermannten, hängte auch er sich einen schwarz-rot-goldenen Schal um.

Dieses Beispiel zeigt: Vernunft und Gefühl gilt es zu verbinden, wenn eine Nation ihr Selbstbewusstsein und ihre Identität definiert.

Moral hat keine Macht

»Ich als Berufspolitiker bin sehr für eine strikte Trennung von Amt und Würde.« Diesen Satz legte der *SZ*-Karikaturist Freimut Wössner einer von ihm gezeichneten Figur in den Mund und erklärte damit kurz und knapp, was der Bürger von den Politikern hält. In dem Satz versteckt sich nichts anderes als die Behauptung, dass Politik und Moral Gegensätze seien.

Grundvoraussetzung für eine Moral, die auf Vernunft und nicht auf Glauben basiert, ist eine Gesellschaft, die sich zur Freiheit des Denkens bekennt. Friedrich Schiller lässt in seinem Drama *Don Carlos* den Marquis von Posa vom König fordern: »Geben Sie Gedankenfreiheit.« Und Gedankenfreiheit geht über die Freiheit, eine Meinung zu äußern, weit hinaus; denn bevor eine Meinung entstehen kann, macht man sich schließlich Gedanken. Das ist allerdings selbst in einer aufgeklärten Demokratie schwieriger, als man vermuten mag.

Voraussetzung für jedes Denken ist Erkennen und Wissen.

Und der Weg zum Erkennen führt über die Wahrheit.

Mit der Wahrheit in der Politik aber ist es schlecht bestellt. Hannah Arendt schreibt dazu in ihrem Essay *Wahrheit und Politik*, niemand zähle die Wahrhaftigkeit zu den politischen Tugenden: »Lügen scheint zum Handwerk nicht nur des Demagogen, sondern auch des Politikers und sogar des Staatsmannes zu gehören.«

Ein eindrucksvolles Beispiel dafür haben der amerikanische Präsident George W. Bush und der britische Premierminister Tony Blair geliefert, um vor ihren Wählern und Parlamenten den Krieg gegen den Irak zu begründen.

Bush und Blair behaupteten, der Irak verfüge über Massenvernichtungswaffen. Und da der Diktator Saddam Hussein diese Waffen nicht zerstören wolle, müsse er gestürzt werden. Dass dieser Grund nur vorgeschoben war, wurde bald offensichtlich. Tatsächlich ging es den USA um mehrere andere Beweggründe:

- Eine große feindliche Militärmacht sollte im Nahen Osten ausgeschaltet werden, um die strategische Lage Israels zu verbessern.
- Die Schaffung einer arabischen Demokratie könnte als Vorbild für andere freundlich gesinnte arabische Staaten dienen.
- Der Zugriff auf das irakische Ölvorkommen sollte die Abhängigkeit der USA von Saudi-Arabien verringern.

Die demokratisch verfasste Öffentlichkeit in den USA und Großbritannien hätte vielleicht diese einzelnen Ziele gebilligt, wäre aber nie bereit gewesen, für diese Ziele in einen Krieg einzutreten. Also haben die Regierungschefs ihre Wähler und Parlamente belogen.

Um die Zustimmung des Sicherheitsrats der Vereinten Nationen für den Angriff gegen den Irak zu erhalten, präsentierte der amerikanische Außenminister Colin Powell am 5. Februar 2003 zahlreiche »Beweise« für das Vorhandensein von Massenvernichtungswaffen im Irak. Er zeigte sogar ein Röhrchen mit weißem Pulver, das angeblich Milzbranderreger erhielt. Nichts davon stimmte.

Colin Powell hat im Auftrag seiner Regierung gelogen, und nach dem Ausscheiden aus seinem Amt erklärte er öffentlich, diese Rede vor dem Sicherheitsrat sei der »Schandfleck meiner Karriere« gewesen.

Der britische Premierminister Tony Blair und der italienische Ministerpräsident Silvio Berlusconi haben die Lügen mitgetragen, um ihre eigenen politischen Entscheidungen nicht widerrufen zu müssen.

Der Öffentlichkeit, selbst den Medien aber muss es schwerfallen, eine solche Lüge zu entlarven. Erst einmal gehen sie davon aus, dass die behaupteten Tatsachen auch belegt sind, wenn der amerikanische Außenminister sie vor dem Sicherheitsrat der Vereinten Nationen verkündet. Schließlich verfügen die USA über Geheimdienste, die solche Ergebnisse recherchieren. Die von der UNO entsandten Waffeninspektoren im Irak hatten zwar keine Massenvernichtungswaffen entdeckt, doch die Öffentlichkeit ging davon aus, dass Colin Powell, der als Politiker eine hohe Glaubwürdigkeit besaß, die Wahrheit sagen würde.

In den USA und in Großbritannien haben die demokratischen Institutionen den Krieg gegen den Irak nicht aufgehalten. Die Mehrheit ließ sich verführen und stellte sich auf Seiten der Lügner. Erst sehr viel später haben sich zwei renommierte amerikanische Tageszeitungen bei ihren Lesern für ihre Fehlinformationen entschuldigt.

In einem langen Editorial in eigener Sache schreiben die Herausgeber der *New York Times* am 26. Mai 2004: »Heute wäre uns wohler zumute, wenn wir manche Behauptungen damals energischer hinterfragt hätten, als neue Beweise auftauchten – oder eben nicht auftauchten.«

Eine Folge dieser Lügen ist ein Krieg, der Zehntausende Menschen das Leben kostete. Zwar wurde ein Diktator entmachtet, vor ein Gericht gestellt und schließlich hingerichtet, aber im Irak herrschen jetzt bürgerkriegsähnliche Zustände, deren Ende noch lange nicht abzusehen ist. Paramilitärische Widerstandsgruppen gehen gegen die Besatzungstruppen vor und die Aufständischen bekämpfen sich gegenseitig. Eine andere Folge ist, dass Politiker immer mehr pauschal als Lügner und Trickser angesehen werden.

Besonders zu Wahlzeiten versprechen Politiker Dinge, die sie – einmal an der Macht – nicht halten können. Wenn heute der Verlust der Wahrhaftigkeit und Glaubwürdigkeit in der Politik beklagt wird, so liegt das auch am mangelnden Mut von Politikern, mit den Tatsachen offen umzugehen. Wahrscheinlich hat der ehemalige SPD-Parteivorsitzende und jetzige Vizekanzler Franz Müntefering nicht einmal gemerkt, wie sehr er sich zur Lüge in der Politik bekannte, als er klagte, »dass wir oft an Wahlkampfaussagen gemessen werden, ist nicht gerecht«. Mit anderen Worten: Unsere Wahlkampfversprechen sind sowieso glatte Lügen, die kann doch keiner ernst nehmen.

Vielen Politikern fehlt der Mut zur Wahrhaftigkeit, weil sie zu Beginn einer Karriere oder eines Wahlkampfs fürchten, sie könnten nicht reüssieren, wenn sie Probleme benennen und unbequeme Wahrheiten äußern würden. Wer nichts sagt, wer keine Stellung bezieht, der kann auch nicht angegriffen werden.

Nach diesem Motto zog auch die französische Politikerin Ségolène Royal in den Präsidentschaftswahlkampf und siegte bei der Kandidatenaufstellung der Sozialistischen Partei schon im ersten Wahlgang mit 60 Prozent der Stimmen. Sie hatte auf kaum einem Politikfeld wirklich Stellung bezogen. Stattdessen erklärte sie, gemeinsam mit ihren Wählern wolle sie das Wahlprogramm erarbeiten. Mit Hilfe des Internet ist das heute sogar nicht einmal ausgeschlossen.

Aber wahrhaftig sein in der Politik bedeutet nicht, populistisch jede Mode mitzumachen; es bedeutet vielmehr, Angst nicht zu schüren und auch nicht mit der Angst Politik zu betreiben, sondern Ängste zu bekämpfen. Denn es ist mehr als eine Binsenwahrheit: Angst behindert das Denkvermögen.

Wahrhaftig sein in der Politik bedeutet schließlich, nicht zu tun, was alle wollen, am besten gestützt durch Meinungsumfragen, sondern das zu tun, was vernünftig ist im Sinne der Gesellschaft. Der Kern der Moral, so der Philosoph Otfried Höffe, besteht »im Versprechen, mit dem Gemeinwohl zugleich das Eigenwohl zu erreichen«.

Die Moral aber hat – leider – keine Macht.

Da es den Politikern im Tagesgeschäft jedoch meist nur um die Macht und nicht um die Inhalte geht, werfen sie auch vernünftige Positionen schnell über den Haufen. Es muss ja nicht immer so weit gehen wie beim Nichtrauchergesetz, wo die Vorschläge der Tabaklobby gleich in den Entwurf dieses Gesetzes übernommen worden sind, das dann doch nicht eingebracht wurde. Aber typisch ist der verlogene Umgang der Politik mit dem Rauchen schon.

Eigentlich ist es doch ganz leicht: Wollen wir die Dinge, von denen uns die Wissenschaftler sagen, dass sie gesundheitsschädlich sind und Sucht erzeugen können, staatlich verbieten? Oder wollen wir das nicht, weil wir jedem Einzelnen auch die Freiheit zugestehen wollen, süchtig zu sein und seine Gesundheit zu ruinieren? Ob mit Nikotin, Haschisch, Alkohol oder Rasen auf der Autobahn. Damit fragen wir abstrakt: Welchen moralischen Wert bewerten wir höher, die Verpflichtung, einen anderen vor Schaden zu schützen, oder den Respekt vor der frei getroffenen Entscheidung eines anderen? So weit, so klar. Doch jetzt kommen der Zeitgeist und die diversen Lobbys ins Spiel. Diese argumentieren dann gerne – das Thema hatten wir schon – im Kern ökonomisch.

Auf jeder Zigarettenpackung muss bei uns in fetten Buchstaben stehen, dass Rauchen tödlich enden kann. Aber gleichzeitig wird der Tabakanbau in Europa mit rund einer Milliarde Euro jährlich gefördert. Im Jahr 2005 kamen wiederum mehr als 14 Milliarden Euro durch die Tabaksteuer in den Staatshaushalt. Die Kosten der Gesundheitsschäden durch das Rauchen sind allerdings fast ebenso hoch.

In den USA, ja auch im Nachbarland Frankreich fiel es den Regierungen nicht schwer, strenge Regeln einzuführen. In Frankreich darf man in Zukunft in einem Bistro Tabakwaren kaufen, wie bisher üblich, dort aber nicht mehr rauchen.

Schließlich machte sich auch die Bundesregierung an ein solches Gesetz, das besonders Jugendliche schützen sollte. Deshalb wurde eine Regelung ausgearbeitet, nach der in Diskotheken nicht mehr geraucht werden dürfe. Auch nicht in Speiselokalen. Aber in Kneipen und Bars könnten Raucher ruhig weiterqualmen. Schließlich hat jeder Abgeordnete in seinem Wahlkreis genügend Kneipen, an deren Stammtischen Politik gemacht wird. Das scheint wichtiger als die Gesundheit. Zwar leidet jeder Nichtraucher nach dem Kneipenbesuch darunter, dass seine Kleidung stinkt und seine Lunge durch das Nikotin geschädigt wird, aber das störte die Gesetzgeber nicht.

Dann stellte sich heraus, dass die bundesweite Regelung so gar nicht durchzusetzen ist, weil die Bundesregierung dilettantisch gearbeitet hatte. Denn das Rauchverbot gehört in die Zuständigkeit der Länder. Immerhin beschloss das Bundeskabinett, dass Tabakwaren an Jugendliche unter 18 Jahren nicht mehr verkauft werden dürften.

In diesem Fall könnten unsere Politiker von den USA lernen, was es heißt, konsequent zu sein. Dort ist es Minderjährigen – sogar jungen Menschen bis 21 Jahren – in den meisten Staaten verboten, Alkohol zu kaufen oder öffentlich zu konsumieren. Und diese Verbote werden äußerst unnachsichtig kontrolliert und eingehalten.

Als wir in den Achtzigerjahren unseren Sommerurlaub in Massachusetts verbrachten, kauften wir in einem »liquor store« einige Dosen Bier. Die Verkäuferin packte die Dosen in eine der üblichen braunen Tüten. Als aber meine damals vierzehnjährige Tochter die Tüte vom Ladentisch nehmen wollte, um sie zum Wagen zu tragen, hörten wir einen lauten Aufschrei. Das sei verboten, rief die Verkäuferin. Ein Kind dürfe diese Tüte nicht tragen. Sonst verliere der Laden die »liquor licence«, die Genehmigung, Alkohol zu verkaufen.

Ein deutscher Automanager, der in den USA eine Autofabrik leitete, geriet durch seine »deutsche Lässigkeit« in Sachen Jugendliche und Alkoholkonsum sogar erst kürzlich in eine unangenehme Lage. In seinem Haus in den USA feierten die fast erwachsenen Kinder mit ihren amerikanischen Freunden eine Party, bei der Alkohol ausgeschenkt wurde, wie es in Deutschland gang und gäbe ist. Weil die jungen Leute, vom Alkohol beflügelt, wohl ein wenig mehr Lärm machten, als den Nachbarn angenehm war, riefen die nach der Polizei. Die erschien. Und schon drohte den Eltern ein Strafverfahren.

Ähnlich ist das Zögern der Politik im Umgang mit Sportdoping:

Zunächst hatte Innen- und Sportminister Wolfgang Schäuble erklärt, dass Spitzensportler keine unmündigen Kinder seien. Also sei nicht einzusehen, dass sie sich nicht auch strafbar machen könnten. Damit schien er für ein Gesetz einzutreten, das Sportlern der Besitz von Dopingmitteln verbietet. Das Gleiche sieht auch ein Gesetzesentwurf der bayerischen Landesregierung vor. Dagegen wehrt sich nun der Deutsche Olympische Sportbund, dessen Vorsitzender Thomas Bach Präsident des Internationalen Olympischen Komitees werden möchte. Dort lehnen nämlich die meisten Mitglieder die Kriminalisierung von Athleten strikt ab.

Was passierte? Um die Wahlchancen des Deutschen nicht zu gefährden, änderte Schäuble seine Ansicht. Sportler sollen nun doch nicht mehr für den Besitz von Dopingmitteln bestraft werden. Warum eigentlich nicht? Schäuble könnte doch wissen, dass Sportfunktionäre, wenn es um Ämter geht, nicht immer im Interesse des Sports handeln.

Um Stimmung für sich selbst zu machen, scheuen selbst bekannte Politiker aller Parteien nicht vor populistischen Lügen zurück, auch zu Lasten der Europäischen Union. In Deutschland hat wohl jeder schon über die Europäische Gurkenverordnung gelacht.

Tatsächlich gibt es eine Europäische Gurkenverordnung, auch wenn dies klingt, als sei es eine Erfindung des Politkabaretts. Die Gurkenverordnung bestimmt eine Handelsnorm und legt für Gurken der Klasse 1 fest: »Maximale Krümmung: 10 mm auf 10 cm Länge der Gurke.« Als hätten die Beamten in Brüssel nichts anderes zu tun, als den Krümmungsgrad von solchem Gewächs zu bestimmen.

»Wenn man Europa als eine bürokratische Veranstaltung inszeniert, die sich um die Krümmung der Gurke kümmert«, so der CDU-Politiker und ehemalige Verkehrsminister Matthias Wissmann, »dann wird jeder Bürger sagen, dazu brauche ich Europa nicht.«

Karl Voges, Geschäftsführer der Gartenbauzentrale Papenburg, meint dagegen: »Wir brauchen diese Verordnung, darin sind die Kriterien festgelegt, wie Größe, Gesundheit, Farbe, alles Dinge, die wir brauchen, damit die Gurken entsprechend verpackt werden können, damit auch der Käufer weiß, was wir ihm anbieten.«

Doch selbst die wirtschaftsfreundliche FDP scheut sich nicht, über die EU zu spotten. In einem Kampagnenpapier der Liberalen steht: »Aktion ›Gurke‹: Verteilen Sie Gurken. Lassen Sie die Bürger entscheiden, ob es sich um eine Gurke gemäß der ›Gurkenkrümmungsverordnung‹ handelt. Denn Gurken dürfen nicht krumm wachsen.«

Was die FDP da schreibt, ist Unsinn. Gurken dürfen natürlich so krumm wachsen, wie sie wollen. Nur gehören sie dann nicht zur Handelsklasse 1.

Selbst der FDP-Vorsitzende Guido Westerwelle tönt: »Ich finde, wenn sich Europa anmaßt, Krümmungsgrade von Gurken, von Bananen, ja sogar Kondome normen zu wollen, das ist nicht Sache von Europa, das kann jeder Staat alleine.«

Keiner weiß, worum es geht, aber auch unwissende Politiker müssen Entscheidungen fällen.

Als der Bundestag am 12. Mai 2005 zusammentrat, um über den Europäischen Verfassungsvertrag abzustimmen, befragten Reporter des politischen Fernsehmagazins »Panorama« einige Abgeordnete nach den Inhalten.

»Gibt es auf EU-Ebene die Möglichkeit für ein Bürgerbegehren?«

Die richtige Antwort lautet: Ja. Wenn eine Million Bürger dies per Unterschrift beantragen.

Aber selbst führende Politiker wussten nicht, worüber sie abstimmten:

»Soweit ich weiß: nein«, sagte der FDP-Außenexperte und ehemalige Partei- und Fraktionsvorsitzende Wolfgang Gerhardt.

»Auf EU-Ebene glaube ich nicht«, blamierte sich der damalige Außenexperte der Union, Friedbert Pflüger.

Auch Abgeordnete der anderen Parteien wussten es nicht besser. Wissen ist aber eine Kernsubstanz guter Politik.

Was Politik bewirken soll, das hat sich im Lauf der Jahrhunderte verändert. Bei Aristoteles, der als einer der Ersten Grundsätze für ethisches Denken formuliert hat, wird die Vermehrung des Wissens über das, was ist, unmittelbar mit dem verknüpft, was sein soll. Daraus resultieren die Richtlinien zum Handeln in der Politik. Das gilt besonders, wenn es um die Wahrung des Gemeinwohls geht und die Sicherung eines einträchtigen Zusammenlebens der Bürger in einer Gesellschaft.

Diese Vorstellung ändert sich mit dem Beginn der Neuzeit.

Das Gemeinwohl steht nicht mehr im Mittelpunkt der Politik, vielmehr die Lehre der »klugen« Ausübung der Herrschaft und der »schlauen« Planung des Machterwerbs und des Machterhalts. Keiner hat darüber besser geschrieben als Niccolo Machiavelli in *Der Fürst*.

Manch einer mag sich heute noch danach sehnen, seine Ratschläge aus den Zeiten des Absolutismus anzuwenden, doch kann das nur in äußerst abgeschwächter Form gelingen. In Zeiten der Demokratie lassen sich eben machiavellistische Machtspiele absoluter Herrscher nicht mehr anwenden. Und das ist auch gut so.

Bei Jean-Jacques Rousseau, ich habe darüber bereits geschrieben, wird dann die Vorstellung einer modernen Gesellschaft von der Idee eines Gesellschaftsvertrags verkörpert, wonach alle Bürger eine Abmachung über die Regeln abschließen, die sie in ihrer Gesellschaft anwenden wollen. Heute würde man dies »virtuell« nennen. In der Geschichte der Menschheit hat sich noch nie ein Volk so zu einem Staat zusammengeschlossen. Am nächsten kommen diesem Prinzip meines Erachtens die Schweiz und dort vor allem die einzelnen Kantone. Rousseaus »contrat social« ist in der Praxis nichts anderes als eine Absichtserklärung, so wie sie in jeder demokratischen Verfassung, etwa im Grundgesetz, festgelegt wird.

Politik geht davon aus, dass Menschen die Welt verändern können. Deshalb versteht man unter Politik in einer Demokratie nur die Tätigkeit, die das gesellschaftliche Geschehen regelt und damit eventuell notwendige Veränderungen auslöst.

Antrieb der Politiker zum Handeln sollte der Gedanke sein, das Bestehende auf seine Gültigkeit hin zu überprüfen und gegebenenfalls mit

Blick auf die Zukunft zum Besseren zu gestalten. Dabei unterscheiden sich die Ziele von Politik und Moral:

– Politik ist die Sache des Möglichen.
– Moral ist die Sache des Absoluten.

Doch was wird unter diesen Vorgaben aus der Vision einer humanen Gesellschaft, aus der beharrlichen »experimentellen Humanisierung aller Instanzen des Staates, Parteien, Militär mit eingeschlossen«, so wie der Kulturphilosoph Norbert Elias sie sich vorstellte?

Die Verwirklichung dieser Vision ist nur denkbar, wenn deutsche Politiker die Macht nicht mehr der Pfründe wegen anstreben, sondern um Verantwortung für das Gemeinwesen zu übernehmen.

Die Macht beschert Anreize und Belohnungen. Sie ermöglicht es, Einfluss zu nehmen, Entscheidungen zu fällen, Posten zu besetzen, sie vermittelt gesellschaftlichen Status. Manche Machtpositionen sind mit finanziellen Vorteilen, mit einem Büro, mit einem Wagen und Fahrer, mit Einladungen zu herausragenden Veranstaltungen verbunden.

Die Macht verpflichtet aber auch, Verantwortung zu übernehmen. Max Weber spricht von der »Verantwortungsethik«. Denn der Politiker soll nicht handeln, ohne die Folgen seines Tuns für die Gesellschaft zu bedenken.

Verantwortung ist ein moralischer Wert und spielt aus vielerlei Gründen eine immer größere

Rolle. Zum einen setzt sich in immer mehr Staaten der Welt die Demokratie als Staats- und Lebensform durch. Demokratische Politiker werden vom Volk gewählt, dem gegenüber sie verantwortlich sind. Früher konnten weder Kaiser, Könige noch Diktatoren von ihren Untertanen zur Rechenschaft gezogen werden; sie bezogen ihre Autorität ja nicht vom Volk.

Verantwortliches Handeln muss aber nicht nur von Politikern gefordert werden, sondern von all jenen, die in öffentlichen Institutionen tätig sind. Auch die Tätigkeiten von Vertretern der Medien und der NGOs (non-governmental organizations) zeitigen bedeutende gesellschaftliche Folgen. Sie haben es oft verstanden, in die Glaubwürdigkeitslücken der offiziellen Politik zu stoßen, und genießen eine große Glaubwürdigkeit. Die nutzen sie nicht selten zu moralischen Aufrufen, wenn es etwa um politisches Handeln anlässlich sozialer oder ökologischer Missstände geht, oder gar um militärisches Eingreifen, etwa in der westsudanesischen Region Darfur, wo ein Völkermord droht. Die NGOs sind aber, das muss bedacht werden, nicht demokratisch legitimiert oder kontrolliert, weshalb an ihre Repräsentanten ganz besondere Anforderungen zu stellen sind, was die moralische Integrität angeht.

Niemand ist verpflichtet, sich um ein öffentliches Amt zu bewerben. Doch wer sich dazu berufen fühlt, gibt vor, verantwortlich und zum Guten der Gemeinschaft handeln zu wollen und zu können.

Was erwartet der Bürger von dem von ihm gewählten Politiker? Eine besondere Verantwortung? Ja.

Zumindest aber, dass er sich für Freiheit, Gleichheit, Brüderlichkeit einsetzt, für die drei großen Werte der Französischen Revolution, die heute Grundwerte jeder Republik sind.

Politik aber ist auch ein Raum, in dem widerstrebende Interessen gegeneinander kämpfen. Die Macht geht vom Volke aus. Und das Volk besteht aus Wählern, die eigene, meist materielle Interessen geltend machen. Die Parteien wiederum, durch die sich Politiker um die Macht bewerben, setzen sich aus Politikern zusammen, die ihren Machtanspruch auch innerhalb der jeweiligen Organisation gegenüber Mitbewerbern durchzusetzen versuchen. Politiker können ihre Macht entweder einsetzen:

- um politische, sprich: moralisch fundierte Inhalte zu verwirklichen
- oder um Posten zu besetzen, Interessen zu bedienen und Karriere zu machen.

Leider erwecken nicht wenige Politiker den Eindruck, es gehe ihnen in allererster Linie nur um die Macht. Das ist keine neue Erkenntnis, aber sie muss immer wieder beklagt werden. Trotzdem geben sich auch diese Machtpolitiker gern den Anstrich, als handelten sie edel und nach ethischen Motiven. So befassen sie sich auf ihren Parteitagen gern mit den klassischen Werten Freiheit, Gleichheit, Brüderlichkeit, wobei die Gleichheit heute Gerechtigkeit genannt wird und die Brüderlichkeit Solidarität.

»Die CDU hat drei Grundwerte: Freiheit, Gerechtigkeit und die aus dem christlichen Menschenbild folgende Solidarität.« So sprach die Vorsitzende der CDU, Bundeskanzlerin Angela Merkel, kurz vor dem Parteitag im Herbst 2006. Und sie fügte hinzu: »Wir werden in der Grundsatzprogrammdiskussion natürlich wieder über die Interpretation und die Ausgestaltung dieser Grundwerte sprechen.«

So weit der Konsens.

In der Programmdiskussion dann übertreffen sich die Parteimitglieder bereits mit miteinander im Widerspruch stehenden Floskeln. Während Angela Merkel mit einer »neuen Freiheit« hausieren geht, worunter man noch alles subsumieren kann, schlägt ihr Generalsekretär Ronald Pofalla das Motto »neue Gerechtigkeit durch mehr Freiheit« vor. Der Chef des Arbeitnehmerflügels der Union, Karl-Josef Laumann, sagt darauf, es gebe keine Gerechtigkeit durch mehr Freiheit. Und die Anhänger der Arbeitgeber in der CDU fordern, Freiheit und Solidarität müssten neu »justiert« werden.

Da hat es die SPD einfacher. Ihrem Chef Kurt Beck reicht die »neue Gerechtigkeit«. Zur gleichen Zeit, da die Diskussion um das Programm in der Union stattfindet, veröffentlicht die SPD ein »Spezial« zu ihrer Grundsatzdebatte. Darin steht unter dem Titel »Der vorsorgende Sozialstaat«: »Freiheit kann man nicht ohne Gerechtigkeit denken.« Und der Generalsekretär der Partei, Hubertus Heil, erläutert, was mit dem »vorsorgenden Sozialstaat« gemeint ist. Er »leistet einen Beitrag, um die Gesellschaft auf Basis der Grundwerte Freiheit, Gerechtigkeit und Solidarität zu gestalten«.

Freiheit, Gerechtigkeit, Solidarität lassen sich lauthals ohne Reue fordern. Denn ideelle Werte können nicht eingeklagt werden. Also kann man in ihrem Namen alles versprechen.

Wer die Programme aber auf ihren ethischen Inhalt durchforstet, der wird nicht fündig werden. Denn mit Freiheit, Gerechtigkeit und Solidarität würzen die Parteipolitiker nur ihr Programm, um es für den jeweiligen Wähler schmackhaft zu machen.

So verkommen Werte, die einmal blutig erkämpft worden sind, zu beliebigem Tand.

Weil er den Wähler und nicht die Werte im Sinn hatte, brach der neu gewählte Ministerpräsident von Nordrhein-Westfalen, Jürgen Rüttgers, einen inhaltlichen Streit um soziale Versprechen innerhalb seiner Partei vom Zaun. Die CDU, so klagte er, solle sich von den Lebenslügen der freien Marktordnung verabschieden. Rüttgers hatte sein Land der SPD nach vierzigjähriger Herrschaft abnehmen können und offenbar festgestellt: Seine Wähler erwarten von ihm soziale – oder sollte man sagen »sozialdemokratische« – Wohltaten. Sonst würde er es schwerhaben, wiedergewählt zu werden. Von den Delegierten seiner Partei erntete Rüttgers für sein

Vorgehen wenig Verständnis. Aber die Umfrageergebnisse ergaben für die Union einen Sprung von drei Prozentpunkten nach oben. »Egal, ob die Rüttgers-Vorschläge objektiv vernünftig sind oder nicht, haben die Wähler sie offenbar als richtig empfunden. Rüttgers hat die CDU stabilisiert«, so analysierte Forsa-Chef Manfred Güllner: »Enttäuschte Wähler, die die Union verloren hatte, sind zurückgekehrt – auch von der FDP«.

Wahlen sind wie Fiebermessen. Sie zeigen an, wie weit die Vorstellungen der Parteien von den Wünschen und Zielen der Wähler entfernt sind. Und nach dem für manche Politiker erstaunlich klaren Ausgang der vorgezogenen Bundestagswahl im September 2005 steht fest: Die große Mehrheit der Wähler in Deutschland möchte in einem Wohlfahrtsstaat leben. Nicht die Freiheit ist ihr großes Ziel, sondern das, was als »soziale Gerechtigkeit« propagiert wird, aber in Wirklichkeit mit dem ursprünglichen Sinn von Gerechtigkeit nur noch wenig gemein hat.

Freiheit oder soziale Gerechtigkeit, was ist wichtiger? In den USA würde immer die Freiheit siegen. In Deutschland aber wählten gerade einmal 34 Prozent der Befragten die Freiheit gegenüber 58 Prozent, die sich soziale Gerechtigkeit wünschen. Deshalb stört es wohl auch erstaunlich wenige Bürger, dass die Bürgerrechte in den letzten Jahren mit dem Argument »wir brauchen mehr Sicherheit« eingeschränkt wurden. Und die vielen unsäglichen bürokratischen Regelungen, die jeden Einzelnen wahnsinnig machen, weil sie so viel Freiheit wegnehmen, werden ungestraft vermehrt. Wer vor 65 in Rente geht und der Rentenversicherung mitteilt, er verdiene mehr hinzu als zulässig, weshalb er bitte, von Rentenzahlungen abzusehen, der wird aufgefordert, eine Unmenge von Erklärungen abzugeben, und erhält so komplizierte Formulare, dass er einen Steuerberater einschalten muss.

Justitia, die Gerechtigkeit, gehört zu den Grundwerten, die schon im Altertum von Künstlern als Figur dargestellt wurden, meist als Frau mit verbundenen Augen, die in der einen Hand eine Waage und in der anderen ein Schwert hält. Das Schwert bedeutet, dass Justitia auch straft. Die verbundenen Augen drücken aus, dass sie gerecht entscheidet – ohne Ansehen der Person.

Klartext: In Deutschland wird schon diese elementare Aufgabe der Gerechtigkeit schlecht erfüllt. Da man es hierzulande jedem recht machen will, der nur laut genug schreit: »das ist aber nicht gerecht«, statt eine Vorstellung zu entwickeln, was heutzutage »gerecht« ist, entstand ein absurder Regelungswahn. Dieser hat zumindest dazu geführt, dass 60 Prozent der Steuerrechtsliteratur der gesamten Welt in Deutschland verlegt werden! Prozesse dauern hier unendlich lange, weil ein großer Teil der Justizbeamten mit dem Prinzip »Eile mit Weile« auf die Verfahrensfluten reagiert, weil jeder Bürger sich ungerecht behandelt fühlt – so klagen selbst fleißige Richter.

Doch alles und jedes kann sich in dem Dschungel aus Bevorteilung und Benachteiligung gerecht oder ungerecht auswirken. »Gerechtigkeit«, so urteilt *Der Spiegel*, »wird zu einem Glücksfall. Und viele haben eben Pech.«

Aus dem Prinzip der Gerechtigkeit abgeleitet ist die Gleichheit. Ursprünglich steckte dahinter nur der Gedanke, dass die Menschen frei und gleich geboren sind. Das bedeutete zuallererst die Gleichheit vor dem Gesetz. So führt der Gerechtigkeitssinn zunächst zum Gleichheitsprinzip, und das bindet in der Verfassung alle drei Gewalten, das heißt: die Exekutive, vertreten durch die Kanzlerin und ihre Minister, die Legislative, repräsentiert durch den Bundestag, und die Judikative durch alle Gerichte.

Heute versteht man in Deutschland unter Gerechtigkeit vor allem, dass »jedem das Gleiche zukommt«, was einer weitgehend materialistischen Auslegung des Wortes entspricht. Wer mehr als üblich verdient, ist »ungleich« und gilt schon als suspekt. Verschärfend hinzu kommt unser bereits angesprochenes Verständnis vom Staat: Die volkstümliche Rede vom »Vater Staat«, der eben jedes seiner Kinder materiell gleichzustellen hat, ist dafür bezeichnend und zeugt nicht von bürgerlichem Selbstvertrauen, wo ein jeder – hat er nur gleiche Chancen – seinen Fähigkeiten und Leistungen entsprechend »seines Glückes Schmied« ist.

In Deutschland geht es eher ungerecht zu, sagten 66 Prozent der Befragten beim »Deutschlandtrend«

der »Tagesthemen« im November 2005. Nur 27 Prozent meinten, es gehe eher gerecht zu. Und beide Meinungen driften seit einiger Zeit immer weiter auseinander. Je mehr ein Bürger sich als Verlierer der wirtschaftlichen und sozialen Entwicklung empfindet, desto stärker glaubt er, ein Gerechtigkeitsdefizit zu erkennen. Das bringt der Linkspartei PDS Zulauf, die »Umverteilung von oben nach unten« propagiert.

Eine Partei, die nicht genügend Wohltaten verspricht, wird entsprechend bei Wahlen bestraft. Bei der Bundestagswahl im September 2005 schnitt die CDU unter Angela Merkel erstaunlich schlecht und die SPD unerwartet gut ab, weil die überwiegende Mehrheit der Wähler den Parteien ihre Stimme gab, die »soziale Gerechtigkeit« versprachen und nicht Selbstverantwortung und mehr Freiheit forderten.

Darf man nach dieser richtigen Analyse des Ergebnisses den Parteien noch verargen, dass sie sich nach den materiellen Wünschen der Wähler ausrichten? Zwar gibt eine große Mehrheit bei Befragungen immer wieder an, ganz ideell zu denken und natürlich für Reformen zu sein; in dem Moment aber, in dem es ernst wird und eine Reform den Bürger konkret trifft, lehnt er das Vorhaben aus ökonomischen Gründen ab. Die Menschen haben sich daran gewöhnt, dass der Staat zwar hohe Steuern und Abgaben fordert, sie aber auch alimentiert.

Das alles bedeutet, dass in Deutschland eine andere als die klassische Wertehierarchie gilt und dass zwei der Werte sogar zusammengefasst werden.

An erster Stelle erscheint nicht mehr die Freiheit, sondern die Solidarität, deren Anspruch auf Gleichbehandlung mit Gerechtigkeit begründet wird. Aber schon bei der theoretischen Auseinandersetzung mit dem Thema beginnt der Streit zwischen denen, die den Begriff soziale Gerechtigkeit ablehnen, weil er nicht auf das Ergebnis eines spontanen Wirtschaftsablaufs angewendet werden könne, und den anderen, die ihn bejahen, weil sie soziale Gerechtigkeit nicht ausschließlich als Frage der Verteilung, sondern als solidarische Pflicht in einer Gesellschaft, als Sozialpolitik, verstehen.

Was bedeutet Solidarität aber im ursprünglichen Sinn?

Solidarität ist ein moralisch begründeter Wert, der den Menschen veranlasst, aus Uneigennützigkeit zu helfen. Dieser Wert hat im Lauf der Zeit eine Reihe von Begriffen übergestreift bekommen: Güte, Großherzigkeit, Barmherzigkeit, Wohlfahrt wurde er genannt. Stets bestand zwischen den Gebenden und den Empfangenden eine persönliche Beziehung, weshalb die moralische Pflicht, wohltätig zu sein, auch endete, wenn der Empfangende sich gegenüber dem Großherzigen undankbar zeigte.

In dem Begriff »Brüderlichkeit« entwickelte sich das »Wohlwollen« weiter. Da stand der Hilfesuchende nicht mehr einem einzelnen Helfenden gegenüber, sondern der Gemeinschaft, die für den Schwachen eintritt.

Nichts anderes bedeutet auch »Solidarität«. Wer in Not ist, hat einen Anspruch auf Hilfe durch die Gesellschaft. Diese Idee hat sich bewährt und in vielen Staaten dazu geführt, dass nur wenige in der Not ohne Hilfe bleiben.

Solidarität bedeutet zwar Hilfe von einer Gemeinschaft, doch zunächst fordert sie, der Bedürftige solle sich anstrengen und versuchen, seine Notlage aus eigener Kraft zu überwinden. Kann er es nicht, dann erhält er Hilfe, die er jedoch nur so lange beanspruchen darf, bis er seine Notlage überwunden hat. Sonst belastet er die Mitglieder der Gemeinschaft zu Unrecht.

Je mehr aber der Individualismus zunimmt, desto weniger ausgebildet ist das Gefühl für Gemeinsamkeit.

Heute erhebt sich der Staat, nach dem falschen Verständnis des sich ohnmächtig fühlenden Bürgers, über die Gemeinschaft. Und der Einzelne meint, er zahle an den anonymen Staat für Leistungen, die ihm zustehen. So hat er das Gefühl, er müsse zusehen, wie er zumindest das, was er eingezahlt hat, auch wieder herausbekommt. Eine Geisteshaltung, die dem Sinn von Solidarität widerspricht.

Zu den Grundvoraussetzungen eines humanen Staates aber gehört die Solidarität.

Die Verteilung von mühsam erarbeiteten Steuergroschen an Personen, die nicht der Solidarität bedürfen, ist im Klartext nichts anderes als Missbrauch des Solidaritätsgedankens. Diese »Abzocke« jedoch ist in Deutschland eine Art Gesellschaftsspiel geworden. Und populistische Politiker schauen dem Spiel allzu milde zu. Sie scheuen sich, das Thema Sozialausgaben kritisch zu betrachten. Von den 80 Millionen Deutschen zahlen 25 Millionen in die Sozialhaushalte ein, 26 Millionen erhalten daraus finanzielle Unterstützung. Schon allein darauf hinzuweisen scheint einem Ministerpräsidenten politisch unklug. Deshalb hat ein zur Union gehörender Landeschef diesen Satz aus einem Interview mit einem großen Nachrichtenmagazin streichen lassen. Er will nicht als ein Politiker gelten, der Kritik am Sozialstaat übt. Aber nicht nur er ist zu feige, sich energisch gegen unhaltbare Zustände in diesem Sozialstaat öffentlich zur Wehr zu setzen.

Mehr als ein Drittel, manchmal sogar die Hälfte der Mittel öffentlicher Haushalte werden für Sozialausgaben verwendet. Dabei könnte es wesentlich weniger sein, wenn die Verantwortlichen sich nur strenger an ihre eigenen Richtlinien hielten. Zwar klagen Politiker gern über die schlechte Finanzausstattung der Kommunen, aber über den umfangreichsten Ausgabenetat »Soziales« schauen sie nachsichtig hinweg.

»Ein merkwürdiger Widerspruch tut sich da auf«, so der ehemalige Sozialdezernent von Völklingen, Peter Hötger. »Lautes Klagen über die schlechte Finanzausstattung der Kommunen einerseits, ständige Nichtbeachtung des größten Ausgabenetats andererseits. Wer sich intensiv mit dem Thema Sozialhilfe beschäftigt, wird ob dieses Widerspruchs auf den ersten Blick stutzig. Wem Parteipolitik im Besonderen und Politik im Allgemeinen nicht fremd ist, wundert sich nicht mehr: Das Thema Sozialhilfe rührt massive Befindlichkeiten an.«

Hötger hat sich mit der Frage auseinandergesetzt, ob unsere Art von Sozialhilfe eine Aufforderung zum Aufsuchen der »sozialen Hängematte« ist oder ein Beitrag zur sozialen Gerechtigkeit. Aus zehnjähriger Erfahrung berichtet er, dass die teilweise hohen Bezüge aus der Kasse der Sozialhilfe eine beträchtliche Zahl von Menschen veranlasst haben, sich von dem Anspruch auf tägliche Arbeit zu verabschieden. Sie sehen diese Zahlungen nicht als Hilfe zur »Überwindung einer Notlage« an, sondern als Pflege eines Lebensgefühls. Man richtet sich ein, entwickelt Strategien und Techniken, wie der Alltag auch ohne sozialversicherungspflichtige Beschäftigung kurzweilig sein kann. Mit feiner Ironie hat dieses Phänomen jüngst auch der Berliner Psychiater und Schriftsteller Jakob Hein in seinem Roman *Herr Jensen steigt aus* zum Thema gemacht.

Da viele Wähler der PDS die Zustände in der Bundesrepublik als besonders ungerecht empfinden, gehen Mitarbeiter der Partei bei der sozialen Beratung auch schon einmal zu weit. Die Mitarbeiterin einer PDS-Bundestagsabgeordneten gab in der

Bürgersprechstunde einem Ehepaar sogar Tipps für Sozialmissbrauch. Das flog auf. Ihr Pech war nämlich, dass sich hinter den Ratsuchenden ZDF-Reporter verbargen. Auch ein Gewerkschafter wurde von den Journalisten als Anstifter zum Sozialmissbrauch enttarnt. Auf die Frage, wie man als Arbeitslosengeld-II-Empfänger eine Erbschaft vor der Behörde verbergen könne, empfahl ein Berater von ver.di: »Am besten die Erbschaft auf kein Konto einzahlen. Ein Bruder kann ja von dem Geld alles für Sie bezahlen, und das Amt erfährt davon nichts.« Ertappt musste der ver.di-Mitarbeiter zugeben: »Das ist Betrug.«

Sozialmissbrauch entspringt einer Geisteshaltung, nicht einem finanziellen Bedürfnis. Auch Unternehmer und Anwälte, Zahnärzte und Architekten geben der Versuchung, sich aus der Staatskasse zu bedienen, viel zu häufig nach.

Da versprach zum Beispiel eine Berliner Firma 60 Arbeitslosen einen Traumjob im warmen Spanien. Jenseits der Pyrenäen sollten sie auf einer Großbaustelle ein Gebäude hochziehen. Mitte Februar 2005 wurden sie mit Bussen auf die Iberische Halbinsel gebracht. Doch dort gab es weder Arbeit noch eine halbwegs erträgliche Unterkunft. Die Firma hielt sie mit Versprechungen auf Arbeit hin. Die Arbeitslosen ließen sich immer wieder besänftigen, schließlich hofften sie auf einen Job und hatten Angst vor einer Kündigung. Als sie unverrichteter Dinge zurückkehrten, erhielten sie 50 Euro

Abschlag. Das Motiv der Berliner Firma war eindeutig Betrug: Bis zu 2000 Euro zahlen die Arbeitsagenturen, wenn ein privater Vermittler einem Arbeitslosen einen neuen Job vermittelt.

Und eine Grillfleischfirma aus Brandenburg heuerte über einen längeren Zeitraum rund hundert Arbeitslose an, um Grillfleisch in Folie zu verpacken. Den Vermittlungsgutschein kassierte ein angeblicher Vermittler, der in einem Büro der Fleischfirma saß, aber offiziell mit dem Unternehmen nichts zu tun hatte. Da die Arbeitsbedingungen miserabel waren – die Bänder liefen unerträglich schnell –, kündigten die Mitarbeiter nach kurzer Zeit wieder. Sofort kamen die nächsten Arbeitslosen mit neuen Vermittlungsgutscheinen.

Die Reihe solcher Beispiele ließe sich beliebig fortsetzen.

Seit den Siebzigerjahren fließt etwa ein Drittel des Bruttoinlandsprodukts in den Sozialhaushalt. Dank der Freizügigkeit der Politiker ihren Wählern gegenüber wiegt sich die Bevölkerung in der Vorstellung: »Der Staat sorgt für dich.«

»Sie haben ja völlig recht! Aber das kann man doch nicht öffentlich sagen«, antworten mir immer wieder Kommunal- oder Landespolitiker, wenn ich in einem öffentlichen Vortrag kritisiere, dass polnische Arbeiter nach Deutschland reisen, um Spargel zu stechen oder Obst zu pflücken, während in Deutschland Millionen Menschen arbeitslos sind.

Und wenn ich dann den im Saal anwesenden Politikern Mitschuld an diesen Zuständen vorwerfe, weil sie es hinnähmen, dass sich Deutsche, die aus den Solidarkassen unterstützt werden, vor dieser harten Arbeit drückten, klatscht das Publikum.

Und am Schluss der Veranstaltung kommen die angesprochenen Politiker und erklären beschämt, dass die Wähler ihnen eine harte Haltung in Fragen Sozialstaat nicht verzeihen würden.

Die Politiker und die Bürger mit ihrem Anspruchsdenken haben sich gegenseitig hochgeschaukelt und damit zu verantworten, dass sich mit dieser Haltung nicht nur die Struktur der Gesellschaft verändert hat, sondern auch die ethische Einstellung der Bürger.

Früher sprang, wenn man zwischen zwei Jobs ein oder zwei Monate arbeitslos war und kein Spargroschen zur Verfügung stand, im Notfall der Familienverband ein. Es wäre einem »unmoralisch« vorgekommen, sich sofort arbeitslos zu melden, auch wenn dies rechtlich möglich war. Heute melden sich schon Studenten, die gerade ihr Studium abgeschlossen und noch nie gearbeitet haben, arbeitslos. Das steht ihnen zu. Doch wenn jeder nimmt, was ihm zusteht, dann bricht das Sozialsystem zusammen. Man erinnere sich auch an den Start von Hartz IV, als sich Scharen von jungen Menschen aus wohlsituierten Familien und Lebenspartner Gutverdienender bei den Ämtern meldeten und einstrichen, was ihnen »gerechterweise« zustand.

Solidarität im ursprünglichen Sinn wieder Geltung zu verschaffen wird unter diesen Umständen sehr schwer. Voraussetzung dafür ist, dass die Mehrheit der Bürger ihre Geisteshaltung ändert. Ob man das erwarten kann?

Fragt man heute die Bundesbürger, wofür sich eine Regierung stärker einsetzen solle, für eine Gesellschaft, in der mehr Leistung zählt, oder eher für eine Gesellschaft, in der mehr Solidarität zählt, dann sprechen sich 26 Prozent für Leistung aus, 52 Prozent für Solidarität.

Bleibt der Ball also bei den Politikern, auch wenn ganz offensichtlich eine große Portion Mut dazu gehört, sich nach solchen Umfragen nicht populistisch zu verhalten und, statt mehr Geld zu versprechen, mehr Ethik zu fordern. Aber wozu gibt es in einem Land denn Eliten, und wozu hat die »List der Geschichte« die großen Koalitionen erfunden?

»Bei uns ist Ethik verboten«

Gauner sind überall. Doch sie wissen nicht, dass sie welche sind. So erklärte zum Beispiel der Manager eines global handelnden Unternehmens auf einer vom Theologen und Philosophen Hans Küng geleiteten Tagung: »In unserem Unternehmen ist das Wort Ethik verboten.«

Im Klartext: Manager, die so reden, gehören entlassen.

Aber selbst der meist so philanthropisch auftretende George Soros, einer der wichtigsten Finanzmoguln unserer Zeit, schert sich nicht immer um Ethik: Die Märkte seien nun einmal von Grund auf unmoralisch, Leute mit Skrupeln hätten in diesem Umfeld keine Chance, verkündete er.

Eine unfassbare Arroganz steckt in diesen Aussagen. Die erinnert an die Ignoranz der Mafia, bei deren Mitgliedern es auch keinen Unterschied macht, ob jemand mit Geld handelt oder mit Drogen, ob er Menschenhandel betreibt oder Handel mit Menschen.

Dass Wirtschaft immer besonders wichtig für unsere Gesellschaften sein wird, ist klar, aber sie darf sich trotzdem nicht über allgemeingültige moralische Standards hinwegsetzen. Sie muss sich den Sitten anpassen und den Werten und Tugenden unterordnen. Schließlich hat die Wirtschaft auch im besonderen Maß von den Entwicklungen seit der Aufklärung und den freiheitlichen Gesellschaften profitiert.

Mit der Industrialisierung haben sich auch die ethischen Vorstellungen gewandelt. Im 18. Jahrhundert war besonders in England die Bildung von Kapitalgesellschaften verboten. Ein Unternehmen, in dem Eigentum und Geschäftsführung in getrennten Händen lagen, erschien als unmoralisch, der Verschwendung, der Korruption, dem Skandal ausgesetzt. Doch Stück für Stück wurde das Recht den neuen Gegebenheiten angepasst. Der Bau von Eisenbahnen und Autos, oder gar die Förderung von Öl, verlangte derart große Summen Geldes, dass einzelne Investoren so etwas nicht mehr finanzieren konnten. Die Finanzwelt weitete ihre Rechte, der Forderung nach Gewinnmaximierung folgend, immer mehr aus, bis schließlich die Einführung der großen Fonds den sogenannten Heuschrecken Tür und Tor öffnete.

Ethisch zu handeln bedeutet, auch bei ökonomischen Entscheidungen gewisse sittliche Normen einzuhalten. Der »homo oeconomicus« aber, den George Soros meint, kennt nur ein Ziel: die Gewinnmaximierung. Klartext gesprochen: Es geht nur um die Vermehrung des Geldes. Und alles, was diesem Ziel dient, ist gut. Die Wirtschafts- und Finanzwelt kennt das Böse nicht mehr.

Entsprechend lauten die Nachrichten: »Justiz bekämpft Betrug in der Pharmabranche, ratiopharm-Mitarbeiter sollen Ärzte durch Geschenke zum Verschreiben ihrer Medikamente veranlasst haben.« Die Korruption weitet sich auch in Deutschland aus. Bei Siemens sollen bis zu 400 Millionen Euro Schmiergeld in schwarze Kassen umgeleitet worden sein. Ganze Wirtschaftbereiche, so beklagt der für Bestechung zuständige Frankfurter Staatsanwalt Wolfgang Schaupensteiner, stehen unter Verdacht, für Korruption anfällig zu sein. Bei der Bauwirtschaft, so Schaupensteiner, »sprechen wir von einer korruptionsgeneigten Risikobranche. Aus der pharmazeutischen Industrie wissen wir, dass Kriegskassen bereitgestellt werden, um potentielle Kunden zu schmieren. Dann ist da natürlich die Rüstungsindustrie. Dann gibt es das Speditionswesen, die Abfallwirtschaft, das Reinigungsgewerbe, die Immobilienbranche, die Energiewirtschaft und viele andere mehr.«

All diese Gauner aber wissen nicht einmal, dass sie Gauner sind. Sie haben kein Unrechtsbewusstsein. In einer Gesellschaft, die sich der Ökonomisierung des Lebens derart verschrieben hat, glauben selbst die Opfer irrtümlich, Gewinnmaximierung sei kein Goldenes Kalb, sondern notwendig zum

Erhalt von Arbeitsplätzen und zur Sicherung der Sozialsysteme.

Große Unternehmen, vor allem Aktiengesellschaften, gehören kaum noch Eigentümerfamilien, die als solche Einfluss nehmen und eine andere Logik haben als die schnellstmögliche Gewinnmaximierung. Die Unternehmenschefs sind heute in der Regel angestellte Manager, die nicht selten mit den an die Stelle der Eigentümer getretenen Aufsichtsratsmitgliedern – oft ehemalige Vorstände – kungeln oder diese sogar selbst mit auswählen. Solche ethikresistenten Verfahren und Manager tragen eine große Mitschuld an der einseitigen Fixierung auf den Profit.

Da die Börse Manager an ihren Quartalsergebnissen misst, brauchen die den schnellen Erfolg. Nur wenige besonders erfolgreiche Manager wie Porsche-Chef Wendelin Wiedeking entziehen sich diesem Druck bewusst. Hinter Wiedeking stehen aber auch die Eigentümer-Familien Porsche-Piëch, und Eigentümer denken eher noch in Kriterien wie Verantwortung. So wie Henry Ford, der 1938 verkündete: »Der oberste Zweck des Kapitals ist nicht, mehr Geld zu scheffeln, sondern zu bewirken, dass das Geld sich in den Dienst der Verbesserung des Lebens stellt.«

Der Gründer des Autokonzerns Ford wollte sogar seinen Arbeitern einen erheblich höheren Lohn als damals üblich zahlen und die Preise für seine Kunden senken. Doch die Gebrüder Dodge hatten sich im Jahr 1906 mit rund 10 000 Dollar an der Gründung des Unternehmens Ford beteiligt. So machten sie vor Gericht geltend, Henry Ford dürfe den Gewinn nicht an Arbeiter und Kunden weitergeben, das Geld stehe den Aktionären zu. Und die Richter gaben den Aktionären recht.

Ähnlich entschieden ja die Richter beim Bundesgerichtshof in Sachen Mannesmann, als sie den Herren Esser und Co. ihre Gaunerei vorwarfen. Sie hätten sich wie Gutsherren, also Inhaber, verhalten, aber sie seien nur Gutsverwalter, also von den Inhabern/Aktionären bezahlte Manager. Das Gericht versäumte es leider, grundsätzliche Maßstäbe im Umgang mit der Gewinnmaximierung zu setzen. Schließlich waren die horrenden Prämienzahlungen an die Manager mit der erheblichen Steigerung des Aktienwerts begründet worden. Hierher hätte auch der eben zitierte Satz von Henry Ford gepasst.

Die Sozialbindung des Eigentums findet sich in Artikel 14 des Grundgesetzes wieder: »Eigentum verpflichtet. Sein Gebrauch soll zugleich dem Wohle der Allgemeinheit dienen.« Dieser Verfassungsgrundsatz regelt aber nur das Verhältnis zwischen Staat und Bürger – und nicht das zwischen Bürger und Bürger. Das jedoch wäre notwendig, um die Menschen vor der puren Gewinnmaximierung zu schützen. Opfer sind meist die Arbeiter und Angestellten der Unternehmen.

Die Würde des Menschen hängt auch von seinen Lebensumständen ab, von seiner Arbeit, vom sozialen Umfeld, davon, wie verantwortlich diejenigen mit ihm umgehen, von denen er abhängig ist. Wer auf den größtmöglichen Gewinn aus ist, den schert die Würde des Menschen meist einen Dreck, vor allem dann, wenn diese beiden »Ziele« in Widerstreit treten.

Das mussten zum Beispiel die 270 Angestellten der Firma Kadus in dem kleinen Schwarzwaldort Lenzkirch leidvoll erfahren. Kadus stellte Haargel, Shampoo und Haarfärbemittel her. Die Ausfuhr der Produkte steigerte sich Jahr für Jahr, in 61 Länder wurde schließlich exportiert. Die Zuwachsraten für manche Produkte lagen im zweistelligen Bereich. Kadus machte einen Gewinn von zwölf Prozent vom Umsatz, sodass die Geschäftsführung an ihre Mitarbeiter Erfolgsprämien auszahlte, sie also am Gewinn des Unternehmens beteiligte.

Doch dann wurde Wella, das Mutterunternehmen von Kadus, für 5,6 Milliarden Euro an den amerikanischen Konzern Procter & Gamble verkauft.

Für die 3000 Einwohner von Lenzkirch spielte Arbeitslosigkeit bisher kaum eine Rolle. Im Ort scherzte man: »Die vier Arbeitslosen in unserem Dorf kennen wir doch alle persönlich.« Dann teilte das neue Management mit, Kadus werde geschlossen. Den neuen Besitzern sei ein Gewinn von 12 Prozent nicht genug. Es sollten mindestens 18 Prozent sein. Und dieses Ziel könne nur an einem anderen Standort erreicht werden.

Das globale Unternehmen, dem Kadus jetzt gehörte, machte damals mehr als sechs Milliarden Dollar Gewinn, ein hervorragendes Ergebnis, das man nur jedem Unternehmen wünschen kann. Das sollte genügen, um auf die Würde der Mitarbeiter im Schwarzwald mehr Rücksicht zu nehmen.

Übrigens, kein Protest half im Fall Kadus, die Entlassenen wurden für ein Jahr von einer Auffanggesellschaft bezahlt, 60 Prozent des Geldes gab der Staat aus Steuermitteln dazu. Das Wort »Ethik« ist wohl auch bei Procter & Gamble verboten.

Gewinn darf nicht das alleinige Unternehmensziel sein. Um dieser Maxime in unseren Gesellschaften wieder Geltung zu verschaffen, sollten sich Industrie- und Unternehmerverbände wie BDI und BDA verpflichtet fühlen, Vorschläge einzubringen, wie ethische Maßstäbe, auch im Wirtschafts- und Finanzwesen, als allgemeingültige Regeln durchgesetzt werden könnten. Sie sollten das Gespräch mit den Gewerkschaften suchen, um bindende Verabredungen, etwa über eine dem Unternehmen nützliche Beteiligung der Mitarbeiter am erwirtschafteten Gewinn, zu treffen.

Freiwilligkeit allein wird jedoch nicht ausreichen. Auch der Staat sollte der Brutalität der Gewinnmaximierer etwas entgegensetzen, meint der ehemalige Bundesverfassungsrichter Paul Kirchhof, den Angela Merkel als Finanzexperten in ihre Wahlkampfmannschaft aufgenommen hatte.

»Wenn gegenwärtig der Kampf um das Geld immer mehr in anonymen Anlageformen und Kapitalgesellschaften entschieden wird«, so Kirchhof, »der Mensch durch seine Arbeit und durch persönliches Verantwortungseigentum aber immer weniger am Bruttoinlandsprodukt teilhat, so muss die Rechtsordnung dieser Maßstablosigkeit eine neue Struktur entgegenstellen, die Arbeit als Grund des Gelderwerbs stärkt, dem Anleger die Wirkungen seiner Kapitalmacht ins Bewusstsein rückt, ihn vielleicht auch für Fehlwirkungen einstehen lässt. Die ausschließliche Ausrichtung der Kapitalgesellschaften auf die Rendite der Aktionäre ist durch eine Gesamtverantwortung zu ersetzen.«

In diesem Zusammenhang will ich betonen: Der Verbraucher, jeder Einzelne von uns, sollte sich bewusst machen, dass er über große Macht verfügt. Durch sein Verhalten als Kunde entscheidet er über Gewinn oder Verlust der Produzenten. Wenn die Bürger mit ihrem Kaufverhalten deutlich machen, dass sie Unternehmen, die sich nur nach dem Gewinn ausrichten, nicht mehr akzeptieren, dann werden Manager, die hochmütig sagen: »Ethik ist bei uns verboten«, von ihrem hohen Ross absteigen müssen.

Die bereits angesprochenen NGOs (Nichtregierungsorganisationen) wie Greenpeace oder Foodwatch haben es längst vorgemacht: Sie schaffen es, durch ihre Resonanz in den Medien, schon heute, dass manche Unternehmen ihr Verhalten ändern. Die Ölkonzerne Shell und Esso verzichteten 1995 auf die Versenkung der Ölplattform »Brent Spar«, unter anderem auch deshalb, weil die heftigen Proteste von Greenpeace dazu führten, allein den Umsatz der deutschen Shell-Tankstellen um 50 Prozent zu senken. Sogar die Junge Union NRW hatte zum Boykott von Shell aufgerufen.

Proteste und Aktionen gegen Kinderarbeit in Asien haben weltweit agierende Handelsunternehmen wie den Otto-Konzern bewogen, ethische Handlungsrichtlinien für ihre Firmen festzulegen. So berichtet Johannes Merck aus der Geschäftsleitung von Otto: Die »Clean-clothes-campaign« (Saubere-Kleidungs-Aktion), von einigen NGOs gemeinsam ins Leben gerufen, habe in den Vorstandsetagen der global operierenden Handelshäuser das Bewusstsein dafür geschaffen, dass Arbeiterinnen, die in Bangladesch und anderswo Textilien für sie herstellen, auch in ihren Verantwortungsbereich gehören. Der öffentliche Druck hat gewirkt. Merck sagt, das Wissen darum, »sich immer wieder rechtfertigen zu müssen«, habe zu der Einsicht geführt, »dass da tatsächlich etwas nicht stimmen kann. Es hat Stück für Stück einen Erkenntnisprozess gegeben, der dazu geführt hat, dass wir in dem Kreis der Handelshäuser etwas organisiert haben. Wir haben gesagt: Wir wollen den Wettbewerb um den besten Preis zugunsten des Kunden. Wir wollen den Wettbewerb um den schönsten, modischsten Stil, wir wollen letztlich auch den Wettbewerb um die schnellste und effektivste Lieferung zum Wohle des Kunden. Wir wollen diesen Wettbewerb aber nicht auf Kosten der in den Produktionsbetrieben beschäftigten Menschen führen.«

Die an dieser Aktion beteiligten Handelskonzerne verständigten sich unter Hinzuziehung neutraler Dritter darauf, dass in all den Betrieben, in denen sie einkaufen, die gleichen Arbeitsbedingungen herrschen sollten. Maßstab sind die Arbeitsbedingungen, die von der ILO, der Internationalen Arbeitsorganisation der Vereinten Nationen, vorgeschrieben werden.

Der Otto-Konzern übernahm die Initiative wohl auch deshalb, weil die Familie Otto, die als Eigentümerin der Unternehmensgruppe persönlich haftet, weiterdenken kann, als – so Dr. Merck – »es im System des Diktats des Kapitals – so kommt es einem ja manchmal vor, wenn eine enge Fixierung auf ökonomische Kennzahlen besteht – anderswo möglich ist«.

Die Beispiele zeigen, dass Ethik und Moral in Unternehmen eine wesentlich wichtigere Rolle nicht nur spielen sollten, sondern auch können. Und das ohne Schaden für das Unternehmen. Wenn Bürgerorganisationen einen solchen Erfolg mit der »Clean-clothes-campaign« haben, dann werden sie – einmal wach geworden – auch Banken und globalen Konzernen verständlich machen können, dass es von der heutigen Gesellschaft nicht mehr hingenommen wird, wenn statt Verantwortung nur der immer höhere Gewinn eine Rolle spielt. In einigen Bereichen ist der Unmut schon bemerkbar. Auch deshalb finden immer häufiger Tagungen zur Unternehmensethik statt. So wie der Otto-Konzern seine internationalen Wettbewerber zusammengeschart hat, um einen gemeinsamen Wertekatalog des verantwortlichen Handelns zu erarbeiten, so haben sich auch die Unternehmen der bayerischen Baubranche, die mit vielen Korruptionsfällen belastet war, verpflichtet, gegen Bestechung vorzugehen. So entsteht für kein einzelnes Unternehmen ein Wettbewerbsnachteil.

Ethisches Handeln ist also auch in der Wirtschaft möglich.

Dabei geht es hauptsächlich um drei Fragen:

Erstens: Wie geht das Unternehmen mit dem Einzelnen um, mit den Mitarbeitern, vom Pförtner bis hin zum Manager?

Zweitens: Wie verhält sich das Unternehmen gegenüber Wirtschaftspartnern, Kunden, Zulieferern, Banken, Aktionären, aber auch gegenüber dem Staat und der Umwelt?

Drittens: Wie verhält sich die Gesamtheit der wirtschaftlich Handelnden auf nationaler oder gar globaler Ebene?

In den USA haben die Behörden nach zahlreichen Börsen- und Bilanzskandalen in den letzten Jahren ihre Vorschriften verschärft. Seitdem haben viele amerikanische Unternehmen ihren Mitarbeitern Ethikkurse verordnet. So muss jeder beim Luftfahrtkonzern Boeing Beschäftigte einen »code of conduct«, eine Verhaltensrichtlinie, unterschreiben. Darin wird all das untersagt, was das Unternehmen in Verruf bringen könnte. Aber damit ist es noch nicht genug. Jeder Einzelne muss in bestimmten Abständen an seinem Arbeitsplatz »ethische Hausaufgaben« erledigen. Am Computer, identifiziert durch seine Personalnummer, muss er sich durch einen Fragebogen arbeiten. Wie steht er zu Alkohol oder Flirten im Büro? Lässt er sich schon einmal von einem Zulieferer Freikarten anbieten? Wie handelt er dann? Nimmt er die Einladung an, lehnt er sie ab oder meldet er den Vorfall seinem Vorgesetzten? Richtig wäre natürlich: ablehnen und melden. Die Antworten werden bewertet und in die Personalakte aufgenommen.

Wahrscheinlich entspricht es dem sich prüde gebenden Amerika, dass besonders das Privatleben im Bereich Unternehmensethik eine wichtige Rolle spielt. So wurde zum Beispiel der als Saubermann eingestellte Chef von Boeing, Harry Stonecipher, aus »ethischen« Gründen gefeuert. Er hatte eine heimliche Liebesaffäre mit einer Boeing-Mitarbeiterin. Und der verliebte Mister Stonecipher hatte den Fehler begangen, seine Liebesbriefe per E-Mail zu verschicken. Das war erstens aufgefallen, und zweitens lag auch gleich das Beweismaterial vor. Und da man in den USA stolz sagt, die Ethik habe Vorrang, kann auch ein selbstherrlicher Chef, der glaubt, er dürfe sich alles herausnehmen, solange die Gewinne sprudeln, in der amerikanischen Wirtschaft kaum noch geduldet werden.

Dieser »Ethikboom« in amerikanischen Unternehmen erreicht fast alle Branchen. Es wurde sogar schon ein Verband der Ethikbeauftragten gegründet. Er zählt mehr als 1000 Mitglieder. Aber dennoch fehlt der wohl entscheidende Bereich: Es wurde keine einzige Regel aufgestellt, die das Ziel der Gewinnmaximierung an Werte wie Verantwortung, Gerechtigkeit oder Solidarität bindet. Der vorgegebene hohe Profit soll offenbar nicht durch ethisches Verhalten im Umgang mit Mitarbeitern, Kunden und Geschäftspartnern geschmälert werden.

Keiner dieser ethischen »Verhaltensfahrpläne« der amerikanischen Unternehmen für ihre Mitarbeiter würde verhindern können, dass eine erfolgreiche, gewinnbringende Firma wie Kadus aus dem Schwarzwald geschlossen wird, dass 270 Arbeiter auf die Straße gesetzt werden, nur weil die Manager plötzlich 18 statt 12 Prozent Gewinn erwarten.

Gewinn und Ethik schließen einander aber nicht aus.

Im Gegenteil, beide gehören zu einem gut funktionierenden Gemeinwesen. Und in Deutschland ist diese Tatsache durchaus vielen Unternehmern bewusst. Besonders im Mittelstand wird Verantwortung als zentraler Wert von zahlreichen Firmenchefs hochgehalten, vielleicht auch weil sie wissen, dass dies nicht zuletzt ihren unmittelbaren Zwecken dient: bei den Mitarbeitern, bei den Kunden, in der öffentlichen Wahrnehmung. So zeichnet zum Beispiel die Initiative »Ethics in Business« (Moral in der Wirtschaft) Vorbilder werbewirksam aus. Die Idee zu dieser Initiative hatte der Unternehmensberater Joachim Schuble, weil die Negativschlagzeilen über Bilanzfälschungen, Korruption und Umweltsünden auch den Mittelstand immer mehr gefährden. Schuble sagt: »Jetzt droht dem Mittelstand ein Erfolgsfaktor wegzubrechen: das Vertrauen.« Und er versammelte um sich Firmen, bei denen Ethik nicht nur Taktik bedeutet, sondern bei denen »soziale Verantwortung« Kern des Leitbilds ist, das die Unternehmensstrategie maßgeblich beeinflusst.

Der Arzneimittelhersteller betapharm suchte 1998 nach einer Möglichkeit, sich von seinen Mitbewerbern zu unterscheiden, was zunächst sicherlich einen wirtschaftlichen Hintergrund hatte. Die in der Folge angestellten Überlegungen gingen dann aber von der ethischen Grundüberzeugung aus, dass der Mensch im Mittelpunkt zu stehen hat. Daraus entwickelte sich zunächst die Idee, den »Bunten Kreis«, einen Verein, der in Augsburg Familien mit chronisch und schwer kranken Kindern betreut, finanziell zu unterstützen. Aus dem Kontakt von betapharm mit Verantwortlichen des »Bunten

Kreises« entwickelte sich eine sinnvolle Zusammenarbeit und man beschloss, »Bunte Kreise« überall in Deutschland zu gründen. betapharm richtete dafür eine Stiftung ein, die sich um Nachsorge kümmert. Dazu wiederum waren wissenschaftliche Erkenntnisse notwendig, »also förderten wir Forschung«, so Peter Walter, Geschäftsführer von betapharm, und »gründeten ein wissenschaftliches Institut; das Ganze wuchs und es wurden immer mehr Projekte. Einer unserer größten Erfolge war bisher, dass die Nachsorge für kranke Kinder ins Krankenversicherungsrecht aufgenommen wurde. Damit haben wir als Unternehmen zusammen mit einem gemeinnützigen Partner politisch etwas bewegt, was vielen betroffenen Familien hilft.«

Ganz uneigennützig ist die Initiative natürlich nicht. Geschäftsführer Walter sagt offen: »Diese Aktivitäten kommunizierten wir auf allen möglichen Wegen: Pressearbeit, Mailings, Broschüren, Anzeigen, Außendienstaktionen – die klassischen Instrumente für eine ethische Botschaft. Die überdurchschnittlichen Zuwachsraten gaben uns recht und nun stehen wir also da, sozial verantwortlich und wirtschaftlich erfolgreich, und werden gefragt: Wie geht das?«

Für dieses soziale Engagement wurde betapharm mit Preisen überhäuft. 2001 überreichte Bundespräsident Johannes Rau den 1. Preis der Initiative »Freiheit und Verantwortung«, den die führenden Wirtschaftsverbände ausgeschrieben haben. 2006 kam der Bürgerkulturpreis des Bayerischen Landtags hinzu.

Täglich erinnern uns die Medien an die zunehmende Überalterung der Bevölkerung in Deutschland, während in Frankreich mehr Kinder geboren werden, als Alte sterben. In Frankreich haben berufstätige Frauen es nicht schwer, Kinder tagsüber betreuen zu lassen, während Deutschland die Bedürfnisse von berufstätigen Eltern immer noch nicht befriedigt. Ein Grund für manche Firmen, sich sozial zu engagieren – auch zum Wohl des Unternehmens. So beschloss der mittelständische Sportartikelhersteller Vaude an seinem Standort Tettnang im Allgäu gemeinsam mit Mitarbeitern, der Gemeinde und anderen Bürgergruppen im Ort, ein Kinderhaus zu schaffen, das die arbeitenden Eltern entlastet und auf die betrieblichen Abläufe von Vaude Rücksicht nimmt.

Manchmal wird ein solches Engagement zuerst von der Marketingabteilung entdeckt. So war es zum Beispiel beim Papier-, Büro- und Schreibwarenhersteller Herlitz AG, als der vor einigen Jahren kurz vor der Pleite stand. Marketingleiterin Kathrin Wieland berichtet: »Wichtig war, den kaum innovationsfähigen Produkten einen Mehr-Wert zu geben.« Den Begriff Wert meint sie bewusst doppeldeutig. Das Berliner Unternehmen, das immerhin 2700 Mitarbeiter beschäftigt, begann sich nämlich in Schulen für Bildung einzusetzen und gründete den »BildungsCent«. Ziel dieses Vereins ist die Förderung von Lehr- und Lernkultur, indem der »BildungsCent« Schulen zusätzliches Personal für einige Monate zur Verfügung stellt. Diese »Schulcoaches« unterstützen Schüler und Schülerinnen beim Erlernen von Eigenverantwortlichkeit, Selbstständigkeit und Teamfähigkeit.

Das Programm kam nicht nur bei Schülern, Eltern und Lehrern gut an, sondern auch bei anderen Unternehmen, wie etwa Edeka, Microsoft oder Cinemaxx, die sich der Initiative anschlossen.

Die wirtschaftlich dahindümpelnde Marke Herlitz erhielt plötzlich eine neue Identität. Das gesellschaftliche Engagement setzte sich in bare Münze um, weil »BildungsCent« ihren Kunden plötzlich einen Grund dafür liefert, Herlitz-Materialien für die Schule zu kaufen. »Der Nutzen ist größer als gedacht und erhöht die Mitarbeitermotivation«, so Marketingchefin Wieland. Und sie träumt von der Idee, Herlitz-Schulhefte würden noch zusätzlich Informationen verbreiten und die Mitarbeiter von Herlitz nebenbei auch als Schülerbetreuer eingesetzt.

Kleine und mittelständische Betriebe engagieren sich häufiger für das Gemeinwohl als Großunternehmen, wohl auch, weil sie ihre Mitarbeiter und deren Bedürfnisse besser kennen. Aber auch Großunternehmen übernehmen gesellschaftliches Engagement. Die Praxisferne der deutschen Schulen wird immer wieder von vielen Arbeitgebern als Problem wahrgenommen. Mangelnde Erfahrung mit dem wirklichen Leben im Produktionsprozess hat offensichtlich bei vielen Lehrern und Schülern zu Vorurteilen gegenüber der Wirtschaft geführt. Deshalb haben BMW und die Unternehmensberatung Boston Consulting Group Partnerschulen ausgesucht, die in Projektgruppen Schüler an die betriebliche Praxis heranführen.

Diese Betriebe übernehmen Verantwortung in der Bürgergesellschaft. In der Formelsprache von Wirtschaftlern heißen diese Aktivitäten dann »Corporate Citizenship« oder »Corporate Social Responsibility«. Damit fördern sie die Selbstorganisation der Bürger, die notwendig ist, um den überforderten Staat zu entlasten. Hier wird endlich verwirklicht, was im Grundgesetz steht: Eigentum verpflichtet.

Die Macht des Einzelnen

Wenn ich ein Fazit aus meinen Überlegungen ziehe, dann stelle ich fest, dass vieles in unserer Gesellschaft im Argen liegt. Aber es besteht dennoch kein Grund, die Flinte ins Korn zu werfen. Denn der Wunsch nach einem »guten« und friedlichen Zusammenleben in der Gesellschaft, nach Orientierung und Sicherheit, ja nach Vorbildern und Führung wird immer lauter. Es setzt sich mehr und mehr die Überzeugung durch, dass maßloser Individualismus ebenso in die Irre führt wie die Ökonomisierung aller Lebensbereiche. Und gleichzeitig wächst die Sehnsucht nach verbindlichen Werten und Tugenden, die für immer mehr Menschen gar nicht überholt und »von gestern« sind.

Es hängt jetzt vom einzelnen Bürger ab, ob er nur am Stammtisch klagt und sich zu Hause im Kreise seiner Lieben beschwert oder ob und wie er sich für Veränderungen einsetzt – im Kleinen wie im Großen. Und es kommt auf die politischen Gruppierungen an. Wie greifen unsere Parteien und andere gesellschaftliche Akteure diese neue Sehnsucht nach Werten auf und setzen sie um?

Ein bezeichnendes Beispiel bieten die Grünen, von denen man eine positive Hinwendung zu »bürgerlichen Werten« wohl am wenigsten erwartet hätte. Die Mitglieder der Bundestagsfraktion dieser Partei beschäftigten sich bei der alljährlich stattfindenden Klausurtagung in Wörlitz mit ihrem Verständnis traditioneller Werte. Am Rande des Treffens legten führende Mitglieder des Realo-Flügels sogar ein Papier vor, das die Grünen als »Wertepartei« darstellt. Unter der Überschrift »Jenseits der Lager, diesseits der Realität« schreiben sie, die Grünen könnten als unabhängige Partei zwischen den beiden Extremen »der blinden Privatisierung und des staatlichen Paternalismus« vermitteln.

Das Thesenpapier stammt aus der Feder von fünf Grünen-Politikern, die zwischen 34 und 44 Jahre alt sind: Katrin Göring-Eckardt, Vizepräsidentin des Bundestags, Anja Hajduk, haushaltspolitische Sprecherin der Grünen-Fraktion, Boris Palmer, grüner Oberbürgermeister von Tübingen, Cem Özdemir, Europaabgeordneter, und Stefan Wenzel, Fraktionschef im Landtag von Niedersachsen.

Werte seien »auf die Dauer wichtiger als das Volumen des eigenen Geldbeutels«, heißt es in diesem Papier, und die »Renaissance des Begriffs Heimat« sei »keineswegs reaktionär«. Damit deutet die Führungselite der Grünen an, dass sie neben dem »Ökonomismus« nun auch dem Individualismus einen verbindlichen Orientierungsrahmen entgegenstellen will, der über ihre Kernthemen »Frieden« und »Umwelt« bei Weitem hinausgeht. Und sie hat offensichtlich Verständnis dafür, dass die Menschen das Land, in dem sie leben, auch emotional positiv wahrnehmen wollen und dass solche Bedürfnisse 60 Jahre nach dem Ende des Nationalsozialismus nichts zu tun haben mit rechter Gesinnung, wenn man die Begriffe neu besetzt.

Diese neue Ausrichtung der Grünen und ihr Bekenntnis zu »Werten« begründet der Tübinger Oberbürgermeister Boris Palmer mit der Notwendigkeit, »wabernde Koalitionsdebatten« auf Inhalte zu lenken. Dahinter steckt wohl die Erkenntnis, dass Politik so lange populistisch oder bloß machtorientiert ist, solange sie sich nicht an übergeordneten Zielen und Werten ausrichtet. Palmer weiß aber auch, dass solche Werte und Orientierungen gesellschaftlichen »Moden« unterworfen sind, und bezieht sich auf den Nährboden der grün-alternativen Bewegung, aus dem die Grünen hervorgegangen sind, wenn er sagt: »Als Werte noch indoktriniert wurden, musste man sich dagegen auflehnen. Das war 68. Ohne klares Wertefundament zerbröckelt aber eine Gesellschaft und verliert eine Partei die Orientierung. Deshalb braucht es Werte, aber verinnerlichte und aus Einsicht erwachsene, nicht eingetrichterte.«

Wenn also die menschliche Vernunft die Quelle aller Moral sein soll, muss der Handelnde auch die Gründe für sein Tun kennen. Und diese durch Vernunft gewonnene Erkenntnis kann ihn zu der Einsicht befähigen, moralisch zu handeln.

In einer modernen demokratischen Gesellschaft kann es nicht darum gehen, Moral zu predigen, vielmehr sollte sie in einem gesellschaftlichen Prozess immer wieder neu definiert werden. Da moralische Werte also weder natürliche Gegebenheiten noch objektiv messbar sind, bedarf es sittlicher Grundlagen, auf die sich die Gemeinschaft verständigen muss. Solche Grundlagen müssen auch bedacht werden, wenn es um »neue Themen« geht, wie etwa Bioethik, Technikethik oder Wirtschaftsethik.

Trotzdem halten viele Politiker die Kultur- und Sozialwissenschaften wie Philosophie, deren Teildisziplin die Ethik ist, ebenso wie Geschichte oder Soziologie in Ausbildung und Forschung nicht mehr für förderungswürdig, weil sie nicht »marktfähig« seien. Wissenschaftlicher Erfolg und wissenschaftliche Leistung werden mehr und mehr an der Fähigkeit gemessen, Drittmittel zu akquirieren oder industriell verwertbar zu sein, während kulturwissenschaftliche Lehrstühle und Forschungsinstitutionen mit der Begründung abgebaut werden, sie seien von keinem relevanten Nutzen. Das aber heißt äußerst kurzfristig denken, oder – im Klartext gesprochen: es ist dumm!

Dumm ist es beispielsweise, die Mittel für Fächer wie Sinologie, die Lehre von der chinesischen Sprache und Kultur, und Orientalistik, die Lehre von den Sprachen und Kulturen des Orients, immer mehr zu beschneiden; und das in Zeiten, wo wir die entscheidende Bedeutung dieser Regionen für die zukünftige Entwicklung der Weltgesellschaft erkennen. Beide Fächer haben in Deutschland eine gute Tradition und helfen, »Kulturen zu verstehen, mit denen wir leben müssen – und auch wollen«, so der Philosoph Otfried Höffe. »Dieses Verständnis ist für unsere Medien unverzichtbar, auch für Unternehmer, nicht zuletzt für Politiker, damit sie uns finanziell und politisch kostbare Fehlentscheidungen ersparen.«

Hätte die amerikanische Führung unter Präsident George W. Bush beispielsweise nur über eine halbwegs gründliche Kenntnis der Geschichte und der gesellschaftlichen Strukturen des Nahen Ostens verfügt, dann wäre ihr nicht der unheilvolle Irrtum unterlaufen, im Irak ließe sich die Demokratie so einfach einführen wie nach dem Zweiten Weltkrieg in Deutschland.

Aber auch die innenpolitischen Auseinandersetzungen über »soziale Gerechtigkeit«, über Erlaubnis oder Verbot, an Stammzellen zu forschen, lassen sich ohne Kenntnis des philosophischen und historischen Hintergrunds nicht ernsthaft führen.

Deshalb will ich nochmals darauf hinweisen, wie wichtig unsere Auseinandersetzung mit einigen aus unserer Nazi-Vergangenheit hergeleiteten Denkmustern ist, die bei uns zu anderen, zum Teil sehr viel restriktiveren Regelungen führen als bei unseren Nachbarn. Auf den ersten Blick mag dies verwundern, doch sowohl bei der Frage, unter welchen Umständen Organe zum Zweck der Transplantation entnommen werden dürfen, wie auch in der Stammzellforschung fühlen sich in Deutschland viele Menschen bis heute aufgrund der Pervertierung wissenschaftlicher Forschung durch die Nazis »befangen«.

Das Beispiel der unterschiedlichen »Kulturen«, mit dem die Franzosen und wir das Thema »Solidarität/Brüderlichkeit« in Hinblick auf Organspenden interpretieren, habe ich bereits angesprochen.

Aber auch die Stammzellforschung, ein für die moderne Medizin unverzichtbares Thema, wird bei uns heute noch mit einem Tabu belegt, das nur durch die unmenschlichen Taten der Nazis erklärbar ist. Angesichts dieser Gräuel haben die Mitglieder des Parlamentarischen Rates im Grundgesetz den Schutz der Würde des Menschen festgeschrieben: »Die Würde des Menschen ist unantastbar. Sie zu achten und zu schützen ist Verpflichtung aller staatlichen Gewalt.« So steht es im ersten Artikel unseres Grundgesetzes.

Für eine ethische Beurteilung der Forschung mit Stammzellen ist es nun entscheidend zu wissen, in welchem Entwicklungsstadium von Leben die Würde des Menschen beginnt. Denn davon hängt ab, ob Wissenschaftler an Stammzellen forschen dürfen oder nicht.

In Großbritannien ist die Stammzellforschung in den ersten zwölf Tagen nach der Befruchtung eines Eis durch den Samen erlaubt. Die Begründung stammt aus der Biologie: Trifft der Samen auf das Ei, so kann sich allein daraus noch kein menschliches Wesen entwickeln. In den Tagen nach der Befruchtung des Eis findet zwar eine Zellteilung statt, doch der daraus entstandene Zellhaufen kann noch kein Mensch sein, weil er erst durch die Einnistung in die Gebärmutter die Möglichkeit erhält, sich zu entfalten. Diese Einnistung aber findet meist zwölf bis vierzehn Tage nach der Befruchtung statt.

In Deutschland hingegen ist es verboten, Stammzellen für die Forschung herzustellen, und die Forschung an importierten Stammzellen ist sehr strengen Bestimmungen unterworfen. Anders als in Großbritannien beginnt bei uns, nach einem Urteil des Bundesverfassungsgerichts, die Würde des Menschen mit dem Verschmelzen von Ei und Samen. Die weiter gehende britische Auslegung ist in Deutschland nicht durchzusetzen, weil, wie schon erwähnt, bei den Menschen hier das Wissen um das Eugenikprogramm der Nationalsozialisten noch präsent ist. Deshalb nehmen wir auch den Widerspruch hin, alles menschliche Leben »in vitro« (im Reagenzglas) ab der Befruchtung zu schützen, während wir dies »in vivo« (im Mutterleib) durch die Bestimmungen des Strafgesetzbuchs zum § 218, der die Abtreibung regelt, erst nach der Einnistung tun. Ethiker, wie der Philosophieprofessor Wilhelm Vossenkuhl, sprechen sich daher immer häufiger für die biologisch argumentierende britische Lösung aus: »Erst mit der Einnistung ist klar«, so Vossenkuhl, »ob es sich um entwicklungsfähiges Leben handelt. Erst mit der Einnistung beginnt die Bindung an die Mutter. Es ist das früheste Stadium, in dem ein menschliches Wesen durch die Bindung an die Mutter in eine soziale Beziehung eintritt … Das Verbot des Verbrauchs von Embryonen vor der Einnistung für die Herstellung von Stammzellen ist daher nicht objektiv begründet.«

Bisher dürfen deutsche Forscher nur Stammzellen benutzen, die vor dem 1. Januar 2002 gewonnen wurden. Und weil es in Deutschland keine eigenen Kulturen embryonaler Stammzellen geben darf, sind Wissenschaftler auf den Import aus Amerika, Australien oder Israel angewiesen.

Jetzt aber zeichnet sich in der Politik ein Wandel ab. Denn Bundeskanzlerin Angela Merkel spricht sich für eine neue Biopolitik aus. Der strenge Stammzellkompromiss aus dem Jahr 2002 gehört für sie der Vergangenheit an. Diese Haltung Angela Merkels ist möglicherweise nicht nur darauf zurückzuführen, dass sie Naturwissenschaftlerin ist. Sie ist auch in der DDR sozialisiert worden, einem Land, das sich – daran sei hier erinnert – per definitionem als »antifaschistisch« und nicht als »Erbe« des Dritten Reichs verstanden hat. Möglicherweise neigt sie deswegen weniger zu den Abwehrreaktionen, die in Westdeutschland üblich sind.

Zwar wird es auch mit ihr keine grenzenlose Freigabe geben. Doch die deutschen Stammzellenforscher hoffen auf die Einführung eines »rollenden Stichtags«, wonach Stammzellen benutzt werden dürfen, die sechs Monate oder ein Jahr zuvor entnommen worden sind. Damit soll gewährleistet werden, dass nicht eigens für die deutsche Wissenschaft embryonale Stammzellen hergestellt werden.

Das Beispiel zeigt: Nur wenn wir Deutschen unsere Entscheidungen nicht mehr in erster Linie von unserer Nazi-Vergangenheit bestimmen lassen, werden wir der Vision einer vernunftbestimmten, humanen Gesellschaft näher kommen. Man kann es nicht oft genug sagen: In der Frage »Krieg oder Frieden« hat Rot-Grün es uns vorbildlich vorgemacht und den für die Entwicklung unseres Gemeinwesens lange Zeit so wichtigen Leitsatz »Nie wieder Krieg« in ein neues »humanistisches« Ziel »Nie wieder Auschwitz« überführt. Auf anderen Gebieten fehlt uns aber bisher der nötige Mut.

Wie wenig konsequent wir die Dinge zu Ende denken und führen, mag die folgende Überlegung veranschaulichen: Die letzen beiden Bundesregierungen haben Tausende deutscher Soldaten in Auslandseinsätze geschickt, um gemäß dem Motto »Nie wieder Auschwitz« anderen Völkern so weit wie möglich zu helfen, ein humanes, selbstbestimmtes Leben in Freiheit und ohne Völkermord führen zu können. Dass diese Einsätze gefährlich sind, wissen wir. Wir erwarten von den jungen deutschen Soldaten, die wir als Vertreter unseres Gemeinwesens ins Ausland schicken, dass sie mit Mut – Aristoteles sprach von »Tapferkeit« – für Freiheit und Gerechtigkeit eintreten. Und Mut kann ein großes Opfer verlangen – das eigene Leben. Die deutschen Soldaten setzen also in Gebieten wie dem Kosovo, in Afghanistan, im Mittelmeer, vor dem Horn von Afrika oder im Kongo das eigene Leben zumindest aufs Spiel. Das aber verschweigen uns Bundesregierung und Bundeswehr feige.

In den USA, in Großbritannien, in Frankreich, aber auch in vielen anderen Ländern wird jeder Gefallene öffentlich geehrt. Das deutsche Verteidigungsministerium tut nichts dergleichen und versteckt sich hinter dem Datenschutz. Während das Pentagon auf seiner Homepage »Defend America« eine Liste der amerikanischen Gefallenen unter dem Stichwort »Fallen Warriors« veröffentlicht, verzeichnet der Internet-Auftritt der Bundeswehr den Begriff »Gefallene« nicht einmal. »Es konnte kein mit Ihrer Suchanfrage übereinstimmendes Dokument gefunden werden«, lautet der Bescheid.

Als der stellvertretende *Stern*-Chefredakteur Hans-Ulrich Jörges das Verteidigungsministerium im Januar 2007 bat, die Todesfälle wenigstens anonymisiert bekannt zu geben, um mögliche Bedenken von Angehörigen zu respektieren, wurde er abgewiesen. Nicht einmal der Verteidigungsausschuss des Bundestags erhält Daten über die Toten. Und nicht einmal diese »Fach«-Parlamentarier – immerhin erwarten sie, dass die jungen Menschen, die sie ins Ausland schicken, ihr Leben riskieren – haben bisher Interesse an den Gefallenen bekundet.

Nun hat Bundesverteidigungsminister Franz Josef Jung immerhin den Plan, ein anonymes Ehrenmal für die Toten der Auslandseinsätze zu errichten. Dieses Ehrenmal für die deutschen Gefallenen soll aber auf einem abgeschirmten Gelände des Ministeriums in Berlin versteckt werden. Warum bloß? Scheuen unsere Politiker die »Heldenverehrung«? Auch, wenn es darum gar nicht geht? Die Gefallenen sind nicht unbedingt Helden, weder ihrem Selbstverständnis nach noch für uns. Aber weil sie für die Gemeinschaft das höchstmögliche Opfer gebracht haben – ihr Leben –, sollten wir sie wenigstens ehren und uns fragen, inwieweit sie als Vorbilder dienen können.

Doch nicht nur die Politiker gehen mit den toten deutschen Soldaten ungeschickt um, auch die Medien schweigen zu diesem Thema beredt.

Alle aber sind sich einig: Junge Menschen brauchen für ihre Orientierung Vorbilder. Denn Vorbilder funktionieren in jeder Gesellschaft als Muster für beispielhaftes Verhalten. Heute beklagen viele Bürger das Fehlen oder gar das Versagen von Vorbildern, gemeint sind damit meist Hochleistungssportler oder Popstars. Zugleich aber wirken »Heldenmythen« aus der Zeit des Dritten Reichs zu Recht abschreckend und sorgen dafür, dass »Helden« jenseits der Unterhaltungskultur tabu sind. Da unser Motto lautet, wir brauchen keine neuen Helden, lehnen wir Persönlichkeiten, die über das Mittelmaß herausragen, lieber gleich grundsätzlich ab. Auch das ist dumm!

Selbst wirklich beispielhafte Taten von Männern, die während des Dritten Reichs Mut und Zivilcourage bewiesen haben, werden eher mit gemischten Gefühlen wahrgenommen. Über die Verbrechen der Wehrmacht wurde eine große Ausstellung gezeigt und lange und lebhaft darüber debattiert. Die *Retter in Uniform*, so der Titel eines zu wenig bekannten Buches des Historikers Wolfram Wette, blieben fast alle unbekannt. Auch der SS-Mann Alfons Zündler, der in Amsterdam etliche Todgeweihte fliehen ließ, oder der Oberleutnant Heinz Drossel, der eine verfolgte Familie in Berlin rettete, oder Oberleutnant Albert Battel, der 500 Juden in Polen half. Alle drei riskierten ihr eigenes Leben.

Mutig war auch der in China lebende deutsche Handelsvertreter John Rabe, der eine Viertelmillion Chinesen vor den Massakern der japanischen Truppen schützte. Rabe, damals Angestellter von Siemens, hinterließ Tagebücher, die 1997 in Deutschland veröffentlicht wurden. Während er in China heute als »Der gute Deutsche von Nanking« in einem Mausoleum geehrt wird, hört man es hierzulande nicht gern, dass er gegenüber den mit den Nazis verbündeten Japanern vor allem deshalb erfolgreich sein konnte, weil er NSDAP-Mitglied war. Ich will hier nicht missverstanden werden: Es geht nicht darum, Nazis zu verteidigen, sondern Menschen mit Mut zu würdigen, auch wenn bei manchem die Einsicht sehr spät gekommen ist.

Es war der britische Historiker Christopher R.

Browning, der am Beispiel eines Hamburger Polizeibataillons gezeigt hat, wie falsch die Behauptung ist, dass jeder, der sich weigerte, an Erschießungen teilzunehmen, selbst mit dem Tode bestraft wurde. Dass es deutsche Polizisten gegeben hat, die wenigstens dem elementarsten Moralgebot – du sollst nicht töten – gefolgt sind. Und es waren Steven Spielberg und Hollywood, die uns mit *Schindlers Liste* (nach dem Buch des australischen Autors Thomas Keneally) vorgeführt haben, dass auch in der Nazi-Zeit, bei allen Verbrechen und bei allem Mitläufertum, couragiertes Verhalten möglich war. Hier werden Rollenmodelle angeboten, mit denen man sich – jenseits von »Heldentum« – identifizieren kann.

Aber auch ein solches Vorhaben fiel erst einmal unter das Tabu, wonach Deutsche ihre belastende Geschichte nicht unterhaltend darstellen dürfen. Der Berliner Filmproduzent Artur Brauner, der selbst einen großen Teil seiner Familie in deutschen Konzentrationslagern verloren hat, besaß die Rechte an Oskar Schindlers Lebensgeschichte. Er wollte sie verfilmen und beantragte – wie es in Deutschland üblich ist – einen finanziellen Zuschuss von der Filmförderungsanstalt in Berlin. Doch die Subvention wurde als völlig unvorstellbar abgelehnt. Staatliches Geld gebe es nicht für eine vermeintlich mit Emotionen aufgeladene Kolportage.

Wer das positive Reden über solche kleinen »Oasen der Menschlichkeit« und des Widerstands für tabu erklärt, weil er Angst hat, das könnte die große deutsche Schuld relativieren, denkt zu kurz. Und selbst in einer aufgeklärten Gesellschaft schaden Tabuisierungen, sie schaden selbst der Sache, die sie zu behüten vorgeben. Außerdem schaffen Tabus Ängste und führen so zu irrationalen Handlungen. Unsere Gesellschaft aber braucht Vorbilder, Vorbilder mit menschlichem Maß, die darstellen, was Mut sein kann.

Schon eine ganz kleine Tat, ein winziger Satz können ungeheuren Mut ausdrücken. »Ich stehe hier und kann nicht anders.« Da stand ein kleines Mönchlein und konnte nicht anders. Martin Luther fühlte sich nicht als Held wie Siegfried mit seinem Schwert Balmung, das ihn unbesiegbar machte. Luthers Waffe war die Überzeugung, richtig zu handeln. Die Betonung liegt auf »richtig«. Anders als der dumme »Held« Siegfried hatte er keine andere Waffe als seine Überzeugung, und von ihr ließ er gegen alle Widerstände nicht ab. Genau das, das Festhalten an einer als richtig empfundenen Überzeugung gegen alles und jeden, das ist es, was wir heute brauchen: Zivilcourage.

Was wir Zivilcourage nennen, hieß bei Aristoteles Tapferkeit, die er sogar als Kardinaltugend herausstellte. Dieser Begriff klingt heute jedoch altmodisch, denkt man doch sofort an die Tapferkeit des Kriegers. Und wer Ernst Jüngers Definition von Mut liest, dem wird – wenn er bei Vernunft ist – übel. Doch Jünger drückte nur Gefühle aus, die

Hunderttausende von Männern im 20. Jahrhundert noch blindlings in Kugelhagel und Tod rennen ließen. Dabei war es nicht tapfer, des Kaisers oder Hitlers Ruf zu den Waffen zu folgen und, von der Masse eingelullt, zu tun, was verlangt wurde. Tapfer war, wer sich Gedanken machte, ob es sittlich richtig ist, einem solchen Ruf zu folgen, und möglicherweise nicht durch die Kugel des Franzosen oder Russen, sondern durch den Strick der Nazis das Leben verlor.

Zivilcourage in der bürgerlichen Gesellschaft bedeutet, die ethischen Werte mutig gegenüber anderen, aber auch gegenüber dem Staat zu verteidigen. Wer sich randalierenden Rechtsradikalen entgegenstellt, zeigt ebenso Zivilcourage wie derjenige, der als einziger Beamter in einer Polizeiwache dagegen aufbegehrt, wenn prügelnde Kollegen gedeckt werden sollen.

Ganz alltägliche Ereignisse verlangen Courage, etwa dem Vorgesetzten die Wahrheit zu sagen. Das könnte wirtschaftliche Nachteile bedeuten. Mutig wäre es, diese Furcht zu überwinden. »Nichts erfordert mehr Mut und Charakter«, hat Kurt Tucholsky gesagt, »als sich im offenen Gegensatz zu seiner Zeit zu befinden und laut zu sagen: Nein!«

In unserer Gesellschaft fehlt es allenthalben an Zivilcourage. Aber darf man das dem Bürger vorwerfen, wenn diejenigen, die Vorbilder sein sollten, in so vielen Bereichen versagen? Welcher Politiker bringt noch den Mut auf, gegen die Macht der

Lobbys, notwendige Probleme anzusprechen, anzugehen oder gar zu lösen? Welcher Mandats- oder Amtsträger traut sich, mit einer politisch sinnvollen Maßnahme ein Abstrafen durch die Wähler zu riskieren?

Zivilcourage ist eine sittliche Haltung, die man erlernen kann. Dazu ist es für junge Menschen wichtig zu erleben, dass derjenige, der mutig ist und dadurch Persönlichkeit entwickelt, höher eingeschätzt wird als ein anderer, der sich duckt, schweigt und sich anpasst.

Schon Dinge und Verhalten einfach beim Namen zu nennen, ohne Rücksicht auf das jeweils politischkorrekte Neusprech, erfordert nicht selten Mut.

Denn gerade wer in der Öffentlichkeit steht, wird es sich x-mal überlegen, einen Gauner auch einen Gauner zu nennen. Zu schnell wird er von einer nach Skandalen gierenden Presse angegriffen, wenn er den Mut hat, die Hemmungen vor dem scheinbar politisch Korrekten zu überwinden und das auszusprechen, was endlich einmal ausgesprochen werden sollte.

So sorgte Klaus Wowereit, Regierender Bürgermeister von Berlin, Anfang Dezember 2006 für Aufsehen, als er in einem Fernsehinterview sagte, er würde seine Kinder nicht gerne auf eine Kreuzberger Schule schicken. »Ich kann auch jeden verstehen, der sagt, dass er da seine Kinder nicht hinschickt.« Wowereit, der selbst keine Kinder hat, schreckte mit dieser Aussage seine Mitarbeiter und die lokale

Presse auf. Auch wenn es jeder denkt, darf man es doch nicht aussprechen! Schließlich leben in Kreuzberg so viele Türken, die fühlen sich dann diskriminiert! Doch die Bürger Berlins stimmten Wowereit mit großer Mehrheit zu. Eine Umfrage ergab kurz darauf, dass zwei Drittel der Berliner die Aussage des Regierenden Bürgermeisters richtig fanden. Es gibt ja Gründe, weshalb man sein Kind nicht auf eine Kreuzberger Schule schicken möchte. Wer die Gründe für diese »Wahrheit« dann nicht ebenfalls benennt und nicht alles dafür tut, den Missständen abzuhelfen, der ist ein bloßer Populist. Zuerst aber sollte immer der Sachverhalt klar und ungeschönt benannt werden.

Der SPD-Vorsitzende Kurt Beck hatte vermutlich gar nicht vor, »einen Gauner einen Gauner« zu nennen, als er vor Weihnachten 2006 mit Parteifreunden über den Weihnachtsmarkt von Wiesbaden bummelte, wo ein angeheiterter Arbeitsloser ihn anpöbelte und sich höhnisch für die Lage der Arbeitslosen in Deutschland bedankte. Der Bartträger Beck rief spontan zurück: »Wenn Sie sich waschen und rasieren, finden Sie auch einen Job.« Und fügte schnell noch hinzu: »'s Lebbe iss doch, wie es iss.«

Weil die *Bild*-Zeitung aus dem vermeintlich politisch unkorrekten Zuruf von Kurt Beck einen Skandal zu machen versuchte, wurde dieser kleine Vorfall zu einem bundesweiten Politikum. Doch dann geschah etwas Unerwartetes. Die SPD-Linke kritisierte zwar Becks Auftreten, weil damit der Eindruck erweckt werde, man brauche nur gewaschen und sauber rasiert aufzutreten, um Arbeit zu finden, aber in der Bevölkerung fand seine Reaktion großen Zuspruch. Endlich nannte ein Politiker die Dinge beim Namen, zumal der betroffene Arbeitslose das Angebot Becks zu einem Gespräch und zur Vermittlung eines Arbeitsplatzes dann nicht angenommen hat.

Weil auch viele Journalisten ihr Fähnchen populistisch nach dem Wind drehen, wurde Beck mit einem Mal zum Helden und der Arbeitslose zum Opfer von sich selbst. All dies hatte Beck bei seiner spontanen Reaktion nicht bedacht. Doch der SPD-Vorsitzende und rheinland-pfälzische Ministerpräsident sollte darüber nachdenken, ob es nicht ebenso notwendig ist, auch in anderen Fällen einen »Gauner einen Gauner« zu nennen. Wer dies bewusst und konsequent tut, der braucht dafür sicherlich ein Quäntchen Mut. Es wäre richtig, wenn Kurt Beck – oder andere, die sich lautstark über den Arbeitslosen geäußert haben, etwa FDP-Chef Guido Westerwelle oder der ehemalige CDU-Generalsekretär Laurenz Meyer – jetzt auch mal einen Unternehmer oder Parteifreund oder Lobbyvertreter, der gegen die guten Sitten verstößt, einen Gauner nennt, und zwar ganz gezielt und nicht im Affekt. Es darf nicht sein, dass nur sozial Schwache wegen ihres gesellschaftlichen Fehlverhaltens öffentlich kritisiert werden, während das unmoralische Handeln von

»Gutsverwaltern« mit einem Augenzwinkern oder gar als ökonomisch sinnvoll und notwendig hingenommen wird.

Zur gewachsenen Orientierungslosigkeit in unserer Gesellschaft tragen leider auch die Medien bei, gerade die Institution, die sich in der Demokratie als »vierte Gewalt« versteht, gerne populistisch das Fehlen von Werten anprangert, selbst aber immer weniger ihren eigenen Prinzipien folgt. Öffentlichkeitswahn, Skandal- und Katastrophenberichte überschwemmen und verwirren Leser und Zuschauer. Das Privateste ist nicht mehr heilig und wird sinnlos an die Öffentlichkeit gezerrt. Davor scheuen auch die seriösesten Presseorgane oder Fernsehsender nicht zurück.

Und selbst Kunstkritiker, auch wenn sie es gut, weil decouvrierend meinen, tappen in diese Falle: Der renommierte Hörspielpreis der Kriegsblinden beispielsweise wurde 2005 an den Autor Stefan Weigl mit der Begründung verliehen, er habe mit seinem rhythmisch-musikalisch zugespitzten 47-minütigen Vortrag der eigenen Kontoauszüge »den letzten Hort der Privatheit« der medialen Öffentlichkeit preisgegeben. Mit der gleichen Begründung kann man auch demjenigen, der seinen Gang aufs Klo dokumentiert, diesen Preis verleihen.

Die Presse- und Öffentlichkeitsabteilung der seriösen Wochenzeitung *Die Zeit* wiederum schickte eine Vorausmeldung an die deutschen Medien: »Gilbert & George wünschen sich eine lesbische schwarze Päpstin.« Vorausmeldungen werden verschickt, um Aufmerksamkeit zu erheischen und zitiert zu werden.

Skandale und Katastrophen verkaufen sich gut und sorgen für hohe Einschaltquoten. Im immer härter gewordenen Wettbewerb um Quoten und Auflagen sinken die Hemmungen in der Berichterstattung. Auf den Medienseiten der Zeitungen wird zum Qualitätsmaßstab erhoben, welcher Sender als erster über ein großes Unglück, eine politische Krise oder eine Naturkatastrophe berichtet hat.

Der Erste zu sein gilt als journalistischer Qualitätssieg. Ob es wirklich genau so ist, welche Hintergründe wichtig sind, um die Nachricht zu verstehen, spielt so gut wie keine Rolle mehr. Und weil täglich eine »neue Sau durchs Dorf« getrieben werden will, wird Versäumtes in der Regel auch nicht mehr nachgeholt. So kommt es, dass innerhalb der Redaktionen nur die Sorge wächst, die neueste »Katastrophe« oder vermeintliche Seuche nicht als Erster zu haben beziehungsweise sie nicht ausführlich genug, was oft heißt nicht alarmistisch genug, zu berücksichtigen.

Als die Rinderseuche BSE die Gemüter in Europa erregte, berichteten die deutschen Medien so übertrieben darüber, als seien hier schon Dutzende von Menschen daran gestorben. Rindfleisch wurde zum Tabu. Auf den Speisekarten der Restaurants war es nicht mehr zu finden. Ganz anders in Frankreich, wo das »Steak frites« weiterhin in jedem Bistro serviert wurde.

Die Diskussionen darüber in Redaktionssitzungen habe ich selber erlebt. Es war schwer, die Redakteure zu bremsen. Nachdem BSE von der Berichterstattung über die Maul- und Klauenseuche abgelöst worden war, hörte die Aufregung jedoch nicht auf. Dann plötzlich gab auch diese Seuche nichts mehr her. Aber weil wegen der Maul- und Klauenseuche Schafe nicht mehr transportiert werden durften und nun im Matsch ihrer Gatter stehen bleiben mussten, befiel sie die Moderhinke. Es gelang mir gerade noch, dieses Thema aus der Sendung herauszuhalten.

Stimmte das alles, so wären wir in den letzten Jahren schon mehrmals ausgestorben: an BSE und der Vogelgrippe, an SARS und Ebola, an der Überalterung der Gesellschaft, an einem Meteoriteneinschlag oder an der Klimakatastrophe.

Was dieser Alarmismus aber jenseits von Auflage und Quote bewirkt, mag die folgende kleine Anekdote veranschaulichen: Einer unserer Redakteure, der stets als Erster aufgeregt für die Berichterstattung über einen schrecklichen Unfall oder einen vermeintlichen Anschlag eintrat, fuhr auf Hochzeitsreise nach Bali. Auf dieser wunderschönen Insel war der Tourismus völlig zum Erliegen gekommen, nachdem alle Welt über die vielen Todesopfer bei Terroranschlägen auf balinesische Diskos berichtet hatte. Nun kam eben niemand mehr. Die Bewohner der ganzen Insel litten unter der Folge des weltweiten Katastrophenjournalismus. Der Kollege war entsetzt über die Auswirkung der voyeuristischen Berichterstattung. Und er war geheilt.

All die Schlagzeilen über Klimakatastrophen, Armut in Deutschland, ständig steigende Kriminalität, die Ausrottung der Menschheit wirken so, als handele es sich um kritischen Journalismus. In Wirklichkeit aber bestätigen sich die Medienmacher nur gegenseitig, gleichgültig, ob die Meldungen neue Erkenntnisse oder Irrglauben verbreiten. Die Amerikaner sprechen in solchen Fällen von »conventional wisdom« – überlieferten Weisheiten, die niemand infrage stellt. Gerade dieses »Infragestellen« jedoch ist die Königsdisziplin des Journalismus.

»Unterhalb von Weltuntergang geht in unserer Branche nichts mehr«, sagt Anna Engelke vom NDR-Hörfunk. »Eine Wutwelle jagt die nächste: Florida-Rolf, Benzinpreis, Kindersparbücher.« Und Renate Bütow vom Hauptstadtstudio der ARD kommt die Medienhysterie »wie eine ansteckende Krankheit« vor: »Früher hieß es: ›Dies und das ist passiert.‹ Heute ›drohen‹ uns dauernd angebliche Ereignisse oder Skandale, ohne dass irgendetwas bereits passiert ist.« Wer heute Nachrichten hört oder sieht, dem wird häufig ein Weltgeschehen mit Bomben, Attentaten und Toten präsentiert, das nichts mehr mit der Wirklichkeit im Umfeld des Zuhörers zu tun hat. Hauptsache, es klingt dramatisch.

Ehe sich die Grünen auf ihrer Fraktionsklausur im Januar 2007 mit den Fragen zur Moral befassten und sich zur Verantwortung gegenüber anderen bekannten, wurde heftig gestritten.

Fraktionschefin Renate Künast legte ein Papier zur Gesellschaftspolitik vor, in dem formuliert war, Familie sei »ein Wert an sich«. Das erschien vielen wie eine Kehrtwendung in der Politik der Grünen, die ja eher Vorbehalte gegen die »klassische Familie« hegten. Also kam es zu einem ideologischen Streit. Die vehementen »Fundamentalisten« klagten, die Familie sei immer noch ein Ort der Repression, und führten als Beweis an, allein in Berlin würde jährlich 4000 Männern auf der Grundlage des Gewaltschutzgesetzes ein Hausverbot für die familiäre Wohnung erteilt. Dies zeige doch, dass die Familie »kein Wert an sich« sein könne. Schließlich einigten sich die Grünen-Politiker auf den verqueren Satz: »Jede auf Dauer angelegte Verantwortungsübernahme für andere ist ein Wert an sich.«

Manch besorgter Bürger mag Genugtuung empfinden, wenn politische Parteien plötzlich traditionelle Werte für sich entdecken und neu formulieren. Wer sich nach verlässlichen Werten sehnt, fühlt sich vielleicht sogar erleichtert. Endlich haben Politiker ein Einsehen. Nun diskutierten die Grünen diese Thematik allerdings wohl weniger aus Erkenntnis denn aus Eigeninteresse. Sie haben festgestellt, dass sich in der Bevölkerung ein wachsendes Unbehagen artikuliert. Und hoffen, mit ihren »Wertvorstellungen« neue Wählerschichten für sich zu erschließen.

Die Wähler dürfen sich jedoch nicht täuschen lassen. Man kann die Umsetzung ethischer Werte in einer Gesellschaft an niemanden, auch nicht an Politiker, delegieren. Schließlich hängt der Zustand der Gemeinschaft vom Verhalten jedes Einzelnen ab. Und die Lage wird sich nur verbessern, wenn sich jeder Einzelne zur Goldenen Regel, zum kategorischen Imperativ und zur Einhaltung ethischer Werte und Tugenden bekennt – und danach lebt. Dazu gehören die Einsicht in die Zugehörigkeit jedes Einzelnen zu einer sozialen Gruppe und das Bekenntnis zu einer kollektiven Identität und Disziplin.

Deshalb muss man vor allem Kindern und Neubürgern von Anfang an den »Geist« unserer Gemeinschaft nahebringen, damit sie sich in die Identität dieser Gemeinschaft hineinfinden. Das aber gehört zu den großen Problemen unserer Gesellschaft. Viele Kinder wachsen allein auf. Fernsehen, Computerspiele, uninteressierte Eltern lassen sie zu egoistischen kleinen Individuen werden. In der Schule fehlt es obendrein an Unterricht zur Geschichte des Landes in all ihren Facetten bis hin zur Gegenwart und an einem Fach, das man »Staatsbürgerkunde« nennen könnte. Beides aber wäre wichtig, denn mit der kollektiven Identität ist es nicht anders als mit einem Freund. Erst wenn wir mit einem Menschen lange umgehen, lernen wir ihn kennen, lernen wir ihn mögen, lernen wir ihn vielleicht auch lieben. Deshalb ist das Schulfach Geschichte genauso wichtig wie jedes andere Unterrichtsfach.

»Der Mensch kann nur Mensch werden durch Erziehung«, schrieb Immanuel Kant. Dazu könnte auch das Angebot eines freien sozialen Jahres nach dem Schulabschluss dienen. In diesem Jahr würden junge Menschen erfahren, was es bedeutet, sich zu fragen: »Was kann ich für mein Land tun?«

Schließlich hängt das gute Leben jedes einzelnen Bürgers davon ab, ob auch die sozialen und politischen Voraussetzungen dafür erfüllt sind. Insofern ist es abstrakt richtig, wenn auch die Grünen den Gedanken aufnehmen, dass jede auf Dauer angelegte Verantwortungsübernahme für andere ein Wert an sich ist.

Aber jeder sollte sich bewusst machen: Nicht der Staat bestimmt über die ethischen Werte und ihre Umsetzung, sondern die einzelnen Mitglieder der Gemeinschaft, die, wie Jean-Jacques Rousseau mit seiner Theorie des Gesellschaftsvertrags meinte, eine entsprechende Abmachung untereinander schließen. Die Bürger bestimmen die Regeln, nach denen sie sich richten wollen. Der Staat ist schließlich nur eine Erfindung der Bürger, damit er in ihrem Auftrag und nach ihrer Maßgabe die Gemeinschaftsaufgaben regelt. Der Staat darf dem Bürger aber nicht die Inhalte vorgeben. Das sollte eine der wichtigsten Lehren aus der Indoktrinierung in totalitären Systemen sein.

In jeder einzelnen Person steckt Kraft, jeder Einzelne ist mächtig. Wenn sich mehrere Personen zusammenschließen, kann die geballte Macht vieles bewegen. Dass dies funktioniert, haben wir Deutschen doch 1989 bewiesen.

Wir brauchen uns auch nur ins Gedächtnis zu rufen, dass die Grünen aus einer moralisch motivierten gesellschaftlichen Bewegung entstanden sind. Die einstige Friedens- und Umweltpartei wurde nicht von professionellen Politikern ins Leben gerufen, sondern sie entwickelte sich aus dem Engagement Einzelner, die dem Verantwortungsbewusstsein des Menschen für den Frieden und die Natur politische Macht verschaffen wollten. Zunächst schlossen sich wenige einsichtige Bürger zu Bürgerinitiativen zusammen. Die entstanden aus unterschiedlichen Gründen in verschiedenen Teilen Deutschlands. Mal hatten sie Erfolg, mal unterlagen sie mit ihrem Begehren. Aber die Bewegung wuchs. Und schließlich trafen sich die Engagiertesten, um eine Partei zu gründen.

Und dann, als die zunächst von den etablierten Politikern verspotteten Grünen plötzlich bei den Wählern ankamen, beschlossen auch die bestehenden Parteien und viele Industriebetriebe, Umweltpolitik in ihre Programme oder Unternehmensleitsätze aufzunehmen. Nicht aus der Politik, nicht von oben kam diese Veränderung, sondern sie entstand aus der gebündelten Kraft vieler einzelner Personen, die ihren Werten in der Gemeinschaft Geltung verschafften.

Wenn in Zukunft auch nur jeder Zweite oder Dritte etwas tut, um in seiner nahen Umgebung ein wenig zum Guten hin zu verändern, wird sich der Zustand unserer Gesellschaft spürbar verbessern. Auch vermeintlich kleine Taten können viel bewirken. Als Vorbild mag hier die schon zitierte Lehrerin Karin Brose dienen, die in ihrer Klasse die Schulkleidung eingeführt und so die gesamte Schulgemeinschaft positiv beeinflusst hat.

Jeder kann etwas verändern. Und das gesellschaftliche Klima ist günstig, denn die Sehnsucht vieler nach Orientierung ist groß. Und manchmal reicht es ja schon, einen Gauner wieder einen Gauner zu nennen, um an die Regeln der Gemeinschaft zu erinnern. Wer sich nach verlässlichen Werten sehnt, muss letztlich über das bloße Benennen hinausgehen, er muss die Kraft und den Mut aufbringen, selber im Sinne der Gemeinschaft zu handeln.

Ulrich Wickert

Die Wüstenkönigin

Der Richter in Angola. Kriminalroman. 304 Seiten. Piper Taschenbuch

Als Untersuchungsrichter Jacques Ricou auf angesehene Männer stößt, die alle menschlichen Werte missachten, ist er entschlossen, die Verbindungen zwischen Waffenhändlern und Ölmagnaten, zynischen Politikern und skrupellosen Geheimdienstagenten mit ihren illegalen Geschäften in Angola aufzudecken. Doch je näher er sich mit dem Fall befasst, desto gefährlicher wird die Lage für ihn. Konfrontiert mit den tiefsten Niederungen der menschlichen Habgier, schlägt er selbst die Warnungen der schönen schwarzen Lyse in den Wind und fliegt nach Luanda. Und damit in den fast sicheren Tod …

»Eine packende Story, von der der Autor behauptet, sie könne ›fast‹ wahr sein.«

Der Spiegel

05/2087/02/L

Urs Schaub

Tanner

Kriminalroman. 400 Seiten. Piper Taschenbuch

Die Spur eines ungewöhnlichen Verbrechens führt den suspendierten Kommissar Simon Tanner von Marokko ins romantische Grenzland zur französischen Schweiz: die grausamen Morde an kleinen Mädchen. Mithilfe des dicken Kommissars Michel und des zwergenhaften Butlers Honoré, der bei der reichen und verdächtigen Familie Finidori arbeitet, wühlt Tanner die Provinzidylle schnell auf und gerät dabei selbst in Lebensgefahr … Ein Kriminalroman von hinreißender Üppigkeit und seltener erzählerischer Kraft.

»Ein Debütroman mit einem packenden Mix aus Krimi und Drama.«

Facts

05/2088/02/R

PIPER